高中生生涯教育实践探索

陈 丽 著

吉林人民出版社

图书在版编目(CIP)数据

高中生生涯教育实践探索/陈丽著. -- 长春：吉林人民出版社, 2021.8
ISBN 978-7-206-18409-3

Ⅰ.①高… Ⅱ.①陈… Ⅲ.①职业选择－教学研究－高中 Ⅳ.① G633.932

中国版本图书馆 CIP 数据核字(2021)第 173881 号

高中生生涯教育实践探索
GAOZHONGSHENG SHENGYA JIAOYU SHIJIAN TANSUO

著　　者：陈　丽	
责任编辑：王　丹	封面设计：吕荣华

吉林人民出版社出版发行（长春市人民大街 7548 号） 邮政编码：130022

印　　刷：三河市华晨印务有限公司	
开　　本：710mm×1000mm　1/16	
印　　张：8.75	字　　数：170 千字
标准书号：ISBN 978-7-206-18409-3	
版　　次：2021 年 8 月第 1 版	印　　次：2021 年 8 月第 1 次印刷
定　　价：49.00 元	

如发现印装质量问题，影响阅读，请与印刷厂联系调换。

前 言

生涯即人终身发展的历程,是人的生命与生活的全部。其内涵是指一个人的职业、社会、生活与人际关系的总和,是人一生中所经历的一系列职业、角色和情感生活的总称。高中阶段是学生生涯发展成长的一个特定阶段,是学生全面完成基础教育学习的最后总结阶段,是学生的世界观、人生观、价值观形成的关键阶段,是学生自我意识、自我概念发展的重要阶段,是学生为离开家庭、父母开始自主选择与自我管理的能力发展的重要阶段,更是学生需要开始为自己的大学、专业学习以及今后的职业作出选择的重要阶段。

我国对学生开展生涯辅导的工作起步较晚,但发展迅猛,学校教育要为每一个学生的终身发展服务,高中教育要为学生成长、成人、成功提供知识和能力做准备,建立学生发展指导制度,加强对学生的理想、心理、学业等方面的指导,为学生的人生发展奠定基础。2015 年教育部重点工作之一是把生涯规划或生涯教育纳入高中生的必修课,并将用五年左右的时间普及生涯规划教育,让学生懂得在制定自己的成长目标时要和自己的生涯规划联系起来。有关文件和政策都彰显出对学生自主发展的重视、对学生个性兴趣和学科与专业选择的尊重,也由此激发所有高中学校开始规划实施学生生涯辅导。

基于此,本书从以下几部分对高中生生涯教育展开探索:第一部分主要围绕高中生生涯规划指导的主要内容与价值展开讨论,为后文的内容奠定了基础;第二部分分别围绕认知课程、探索课程、规划课程以及指导案例展开讨论,为教师的教学过程提供了些许参考;第三部分则围绕高中生生涯发展教育的服务体系进行论述，如高中生涯发展教育的阶段与任务、内容体系、资源的拓展与利用、学科教育与生涯发展教育的融合等；第四部分则围绕高中生生涯教育的主体进一步展开了讨论，比如学生的规划意识、家长的教育方式的转变、学校的教育体系的重构以及政府的引导作用。

  高中生生涯规划素养研究任重而道远，本书仅是在前人研究的基础上做一些探索，研究的广度、深度与精度都有待进一步提升。期待能与更多的一线教师、教育专家同行，共同深化高中生生涯规划素养研究。相信在大家的共同努力下，高中生生涯规划素养一定能在服务学生发展、促进教育事业进步和满足社会人才需求上实现其应有价值。

目 录

第一章　导论 / 001

　　第一节　高中生生涯规划教育的内涵与特征 / 002

　　第二节　高中生生涯规划的主要内容 / 005

　　第三节　高中生生涯规划指导的价值与意义 / 011

第二章　高中生生涯辅导课程与案例 / 015

　　第一节　学生生涯辅导课程设计理念 / 016

　　第二节　学生生涯辅导认知课程 / 024

　　第三节　学生生涯辅导探索课程 / 050

　　第四节　学生生涯辅导规划课程 / 058

　　第五节　学生生涯规划指导案例 / 062

第三章　高中生涯发展教育服务体系的建构 / 069

　　第一节　高中生涯发展教育的阶段与任务 / 070

　　第二节　高中生涯发展教育的内容体系 / 083

　　第三节　高中生涯发展资源的拓展与利用 / 097

　　第四节　高中学科教育与生涯发展教育的融合 / 106

第四章　高中生涯教育主体实践履行建议与思考 / 117

　　第一节　学生提高自身生涯规划意识 / 118

第二节　家长转变生涯规划教育方式　/　120

第三节　学校重构生涯规划教育体系　/　122

参考文献　/　131

后　记　/　133

第一章　导论

考试招生制度是国家的基本教育制度，是人才培养的枢纽环节，关系国家的发展大计，关系每一个家庭的切身利益，关系亿万青少年学生的前途命运。改革开放以来，我国教育考试招生制度不断改进，为学生成长、国家选才、社会公平做出了重要贡献。本章主要探讨高中教育的价值观念变化和生涯指导在学生教育中的重要性。

第一节 高中生生涯规划教育的内涵与特征

一、高中生生涯规划教育的内涵

高中生生涯规划教育是指指导高中生认识自我，认识职业，认识社会，制定生涯规划，调整和改善现有的生活学习状态，为实现目标不断学习、实践、锻炼自己的能力，做好进入职业生涯的充分准备，实现"志"与"趣"的结合。高中生生涯规划教育有"五有"目标：第一，对自己有了解；第二，对学习有动力，了解目前的学科学习、课外活动和未来生涯发展的关联与影响，激发学习动机，强化学习兴趣；第三，对社会有认知，了解当代社会的职业构成，对各行各业有基本的认知和了解；第四，对未来有期待，建立积极的生涯发展信念，对自己的未来有积极、好奇、自信的态度；第五，对他人有关怀，认识自己的生涯角色，平衡角色任务要求，理解父母、老师等人的期待和要求。高中生生涯规划教育有"四有"原则：第一，方向性原则，用社会主义核心价值观引导学生进行学业规划和人生规划；第二，主体性原则，坚持"以生为本"，引导学生认识自我，发掘自身潜力，成为符合社会主义新时代人才要求、有明确人生方向、有生活品质的人；第三，实践性原则，结合校情、教情、学情，开展生涯规划教育实践活动；第四，协同性原则，充分利用校内外资源，形成学科融合、家校共育、多方参与、路径多元的生涯规划教育格局。

二、高中生生涯规划教育的主要特征

（一）渗透性

高中生生涯规划教育紧紧把握学科内核，在各个学科中挖掘有效的教学资源和价值引领，指导高中生自我认识、自我了解、自我规划。目前高中生正处在人生重要的转折期，他们对未来充满憧憬和迷茫。将生涯规划课程渗透到高中各个学科的教学之中，既有利于培养学生对课堂的学习兴趣，也有利于潜移默化地影响学生的自我认识和自我发展。

在高中语文学科教学过程中，对教材的把控深入浅出、层层拔高，比如在某些文学作品中通过解剖作者或者主人公性格特点来引导学生的自我认识能力。高中生在校时，要引导他们清楚地了解自身兴趣、个性特点、能力特长等，开始展望自己以后想要从事的职业，并积极为未来做好准备工作，未雨绸缪，退而结网，对日后择业和对职业生活的热爱都会有极大的好处。例如，在《鸿门宴》一课，认识"刘邦项羽人物性格与胜败"关系的专题讨论；借用名人和名著引导高中生树立人生理想，确定人生目标。确定人生的目标其实是高中生生涯规划教育的重要环节。语文教师在带领学生阅读名著时，要让学生了解名人背后的故事，促使学生确定具有个人特点且适应社会发展规律与需求的人生目标。例如，在阅读《青年在选择职业时的考虑》这篇文章时，引导学生树立自己的人生目标和理想，不仅仅要仰望星空，还要脚踏实地。在学习《报任安书》和《屈原列传》时，举办辩论会或讲座，为学生展示屈原和司马迁的人生选择，引导他们客观分析自我。

高中生生涯规划教育的一个重要目的是培养人才的职业素养和能力，提高学生的综合素质，为实现其人生目标积累良好的条件，夯实基础。高中历史学科的核心素养是培育学生"唯物史观、时空观念、史料实证、历史解释、家国情怀"，高中历史教师在教学的过程中应该将核心素养从抽象变得具象，让学生拥有融入社会、能够在未来胜任工作以及拥有终身发展的品格与能力。高中政治教材必修一《经济生活》中《做好就业与自主创业》一课，政治教师可以进行课程建设，引导学生了解现实社会允许我"做什么"，能让"我做什么"。根据教材中对于就业重要性的介绍、我国将扩大就业放在经济发展重要位置的原因、怎样解决就业问题等内容，以及面对较为严峻的就业形势，引导学生思索未来的就业前景，一方面提高学生的学习积极性，另一方面教师合理引导，培养他们规划人生，树立正确的就业观，比如：自主择业观、职业平等观、竞争就业观和多种方式就业观等，引导学生在高中这个知识的原始积累期，培养良好的心理素质，锻炼良好的身心素质，拥有良好的道德素养，依据自身的目标，制订计划，一步一步地发展自己，不断强化知识和技能，增强职业素养和能力。根据高中生不同的心理特点和年级，需要制定不同的任务进行指导，以高一为例，在经济生活和政治生活的教学中，可以融汇"生涯向导"的主线，引导学生对学校的环境和资源进行认识，制定适合自身的学习目标，初步树立职业世界观和价值观，在高二的哲学课程中，可以穿插"生涯探究"的主线，主要内容涵盖高中生的情绪疏导、人际关系疏导、异性之间的交往疏导等等，在高三之后，逐渐进入总复习，此时就贯穿生涯决策的主线，帮助学生在志愿填报方面做分析，其中主要是对考生进行考前心态疏导，填报志愿指导。

在高中生生涯规划教育的学科渗透过程中，一般有如下侧重点：第一，侧重培养表达能力，在人的生涯中，表达能力是很重要的，如果能够拥有出色的表达能力就可以为以后的职业生涯提供良好的支撑。在高中教材中，这些文章——《谏太宗十思疏》《六国论》对提高学生的表达能力有所帮助。第二，侧重提升自主学习能力和探究能力，引导学生树立终身学习理念。第三，侧重提高学生创新思维的能力，在当今社会人才能强国，创新能驱动，创新显得极其重要，生涯规划教育的教师要积极引导学生敢于突破既定思维，灵活分析并解决问题。甚至在解题时，可以通过一题多解，一题多变，促进学生思维能力协调发展。综上所述，高中各学科与生涯规划教育相互渗透是当今生涯规划教育的一个重要特点。

（二）科学性

高中生生涯规划教育借鉴马克思主义相关理论，立足于学生发展的实际情况和我国教育发展的客观规律，树立终身发展理念，借助心理学部分理论，通过"心理测评"等活动了解自身职业心理，开展生涯规划教育，促进学生身心和谐可持续发展，为他们健康成长和幸福生活奠定基础。

(三)发展性

高中生生涯规划教育注重用发展的眼光看问题,以促进学生综合素质的提高,落实立德树人教育方针,在社会主义核心价值观的培育与贯穿中促进学生终身发展为出发点。

第一,了解自己的性格、兴趣、气质、能力及价值观及其与职业的关系,了解生涯规划的相关知识、方法与技巧,提高生涯规划的能力;第二,了解我国职业的分类及大学专业的分布情况,了解我国目前的就业市场,确立自己的职业目标,形成自己的生涯规划行动方案;第三,培养学生职业过程中需要的学习、创新、合作、交往、时间管理等终身发展能力。

第二节 高中生生涯规划的主要内容

生涯规划是指个体在知己知彼的基础上,通过对自我、环境和目标信息进行综合分析,对人生做出自主规划的过程。生涯规划是一个系统工程,是综合分析多种信息的信息加工过程,是对人生道路、生命意义和人生价值进行探寻、决策和付诸行动的过程。对于高中生而言,生涯探索、生涯决策、生涯行动以及在重大生涯行动中取得生涯导师的有效帮助都是其生涯规划过程中的重要命题。

一、生涯探索

(一)兴趣探索

兴趣是人们力求认识、掌握某种事物,并经常参与该项活动的心理倾向;或者说,兴趣是人们积极探究某种事物的认识倾向。

做自己喜欢做的事情,可以给人带来愉悦的感受,让自己更有动力积极投入到工作中,创造更大的成功机会,获得更高的成就感。

霍兰德(Holland)的兴趣类型论认为,某一类型的职业通常会吸引具有相同人格特质的人,而具有相同人格特质的人对许多生活事件的反应模式也是相似的。他们创造了具有某一特色的生活环境，也包括工作环境。在同等条件下，人和环境的适配性或一致性将增加个体的工作满意度。

不同的兴趣会引领人们到不同的工作岗位上去。随着年龄的增长，人的兴趣可能会发生变化，也可能会伴随人的一生。兴趣对职业发展的影响是职业走向真正成功的关键因素。对职业具有浓厚兴趣能让自己全身心投入到工作中，不计较太多得失，忍受成功前的寂寞，加快职业生涯发展的步伐。

（二）能力探索

能力的发展具有个体差异，有早晚之分，社会的需要以及主流价值观对我们的能力发展也有很大的影响。

美国心理学家加德纳（H. Gardner）提出了多元智能理论，认为每个人都有不同的智能优势组合。我们每个人都有天赋的能力，单纯与其他人比较某一个方面的能力优劣是片面的，要以整合的视角探索自己的能力结构，在高中期间从多元智能的各个方面进行尝试，努力寻找自己的优势能力所在。

创造力是个人能力中十分重要的一部分。斯滕伯格（Robert Sternberg）把创造力具体解析为三种能力，即综合能力、分析能力和实践能力。托伦斯（E.P. Torrance）在探索创造力时解释道，顿悟是可达到的最高点，是一种突如其来的茅塞顿开感。顿悟需要持久性、自律、勤奋和精力。

（三）性格探索

性格是指表现在人对现实的态度和相应的行为方式中比较稳定的、具有核心意义的个性心理特征，是一种与社会最密切相关的人格特征。性格可以决定一个人办事的方式，也影响着我们和什么样的人更容易相处。每个人的性格都是独一无二的，在生活中对人、对事、对自己、对外在环境所表现出来的适应方式也会有所不同。

一个人越了解自己，就越能发挥自己的优势，朝着最适合自己的方向前进。因为性格会影响一个人的生涯决策，继而影响其生涯行动。一个自我概念不清晰的人，在做生涯规划时很难做出合适的选择；一个高估自己能力的人，在生涯发展上也会有很多挫折；一个才华横溢的人，不知道自己尚有可以发挥的空间，更是社会的损失。

不同职业的人其性格也会有所差异，结合性格特点和职业特性，才能找到适合自己的领域。例如，教师、护理人员等由个性温和、有耐心、有同理心的人来担任较为合适；会计、出纳人员等由个性谨慎、精打细算的人来担任会表现得更好。同样的道理，一个喜欢变化、重视直觉的人，选择服装设计的工作可能游刃有余，但要从事财务管理的工作，必然处处受限。因此，生涯规划一定要考虑自己的性格特点。

性格没有优劣之分，只要充分认识到性格的两面性，善于把握自己的性格，有针对性地扬长避短，随时保持可以调整的弹性，就能够创造属于自己的不平凡的职业人生。

（四）价值观探索

价值观是一个人关于什么东西对他而言最为重要的判断标准，它反映的是人们做出决策时最优先看重的因素或方面。人在生活中时时面临选择与决策，小到几点起床、中午吃什么，大到考什么大学、找什么工作、与谁结婚等。一个人到底看重什么，不仅影响着他的选择倾向，也影响着他的生涯发展和人生轨迹，因此，价值观是高中生需要探索和完善的重要方面。

价值观位于人的心理中最靠近中心的位置，属于比较深层次的心理属性，需要在较长的成长过程中逐渐形成。价值观一经形成就会相对稳定，并对一生的决策产生决定性影响。所以，价值观的形成和完善需要予以高度关注。高中生正处于价值观初步形成的关键阶段，尤其需要重视价值观的形成与个体成长过程中的诸多相关因素，个人经历、家庭条件、受教育背景、自然与人文环境、文化传统、社会风气、父母或其他重要的人的言传身教都可能会影响到他们的价值观，所以要想让高中生未来拥有美好的人生，先要帮助他们形成正确的价值观。

职业价值观，或称为工作价值观，是指与职业、工作有关的价值取向，反映的是一个人对于一份好工作的判断标准和内心尺度。一个人越明了自己的职业价值观，越能对自己的职业生涯做出清晰的规划。但由于价值观具有内隐性特点，个体有时并不能轻易知道自己的价值观是怎样的，同时价值观又是有优劣取向的，所以，特别是对价值观初成的高中生而言，通过生涯探索进行价值观澄清是非常必要的。

（五）职业探索

所谓职业探索，指的是了解职业概念的内涵、分类及职业的特点，把握职业规划的正确原则，逐步厘清职业定向，并为此做好相应的职业准备的过程。职业探索可以为生涯决策确定具体职业奠定坚实基础，是职业规划的重要组成部分。职业是从业人员所从事的有偿工作的种类，它具有社会性、经济性、技术性、稳定性、群体性和规范性的特点。现代职业分类是一个庞大的体系，而且职业不是静止的，而是随着社会发展而不断进化，有新的工作岗位出现，也有旧的工作岗位消亡。

（六）专业探索

专业指的是高等学校和中等专业学校根据学科分类或职业分工划分的学业门类。其中，"学科"是指一门学问依照其性质而作出的学术分类。目前，我国有哲学、经济学、法学、教育学、文学、历史学、理学、工学、农学、医学、军事学、管理学和艺术学13种学科门类。学科门类下设一级学科，根据《学位授予和人才培养学科目录》（2018年4月更新），我国现有一级学科共111个。

对于个体而言，特别是对人口体量巨大的中国高中生而言，高考志愿填报具有至关重要的意义。高考填报志愿实质上就是选学校和专业，而如何才能选择自己心目中"理想"的学校和"最好"的专业，首先要弄清大学与专业、专业"冷"与"热"、老专业与新增专业、专业与就业等几对关系。

高校与专业的选择关乎未来学业、职业和人生发展，除了外界的客观因素，个人兴趣、个人能力、身体素质、家庭环境等也都是需要考虑的因素。

二、生涯决策

当高中生完成对自己兴趣、能力、性格、价值观等个人因素的探索，也完成对职业和专业的探索以后，就应该考虑生涯决策了。对于新高考背景下的高中生而言，选课、选考、报志愿都是重要决策。这一阶段的决策准备是否充分、决策策略是否得当、决策结果是否适宜，都是事关未来的重要因素。

生涯决策指的是个体在对自己的人生进行规划时，综合考虑主客观各种因素后而做出最大程度趋利避害的决定的过程和方法。广义的生涯决策贯穿生涯规划的全过程，从个人探索开始，一直到做出最后的决策为止。而狭义的生涯决策，仅指生涯规划过程中最后的方案确定环节。

生涯决策理论和模型很多，从最初强调以"人职匹配"为核心的特质因素理论发展到了现在以"适应改变"为核心的生涯混沌理论，体现了研究者根据时代变迁对生涯决策认识的深化。在农业文明或者工业文明初期，社会结构相对稳定，职业变迁较慢，个体自身素质结构也相对固定。这种情况下，强调"人职匹配"有很大的适用性，一个人一旦找到一份与自己特质非常符合的工作就可能干一辈子，甚至世世代代继承下去。而在当今时代，社会变迁急剧迅速，生涯发展路径越来越难以界定和预见，一劳永逸的完美生涯决策变得不太现实。所以，对于今天的高中生而言，培养其适应未来需要的生涯决策能力变得更为重要。

三、生涯行动

美国著名管理学家德鲁克（Peter Drucker）认为学生必须要为同时生活和工作在两种文化中做好准备：一种是"知识人"的文化，另一种是"管理人"的文化。领导力不仅是精英人物或领袖人物所应具备的，也是中学生应该具备的一种基本素养。随着经济全球化和教育国际化进程的不断加快，培养具有卓越领导力和创新力的人才已成为世界各国增强国家综合国力、提升国际竞争力的重要途径，也成为教育改革与创新的重要方面。随着社会的组织化和团队化程度越来越高，如何领导好一个团队，如何在团队中成长和发展，也已经成为现代人所应具备的一项重要能力。

人的一生有太多未知的可能，当下所能掌控的是用实际行动去管理和提高自己，激发和调动自觉学习、自我发展的内驱力。要对学生进行生涯行动力的培养，让学生能够建立个人目标、提高时间管理能力、提升意志力、培养微习惯、创造性地解决问题、发展个人领导力。相信学生所收获的不仅仅是自己本来的目标，还会有成就感、幸福感以及更多的人生财富。学业生涯规划的执行效能就是学生将学业生涯规划付诸行动、将目标变成结果的能力以及完成程度和效率。

四、高中生重大生涯事件

新高考背景下，高中生面临的重大生涯事件包括选课走班、选科、报志愿等。国务院《关于深化考试招生制度改革的实施意见》明确指出："增强高考与高中学习的关联度，考生总成绩由统一高考的语文、数学、外语 3 个科目成绩和高中学业水平考试 3 个科目成绩组成。保持统一高考的语文、数学、外语科目不变、分值不变，不分文理科，外语科目提供两次考试机会。计入总成绩的高中学业水平考试科目，由考生根据报考高校要求和自身特长，在思想政治、历史、地理、物理、化学、生物等 6 个科目中自主选择。"

高考之后开始报志愿，志愿选择是个性选择。同样分数的考生所适合的学校和专业一般是不一样的。在全面了解考生的兴趣、性格和能力之后，根据高考成绩填报志愿需要做好相应的准备工作，了解当年的招生政策、心仪学校的招生章程和招生计划、近几年的录取信息以及录取批次与流程是做好志愿选择的前提与保证。

五、生涯导师

每一个人的眼界视野、知识结构都是有限的，特别是在这个知识爆炸、瞬息万变的信息社会，没有哪个人能够不依赖他人支持而以一人之力独闯天涯。高中生学业重、经历浅，还没有真正进入社会，因此在成长过程中更加需要听取他人的意见和建议。而生涯规划又是一个专业化程度非常高的领域，不是长两岁年纪、多一些经验就能够指导别人的。因此，不少人在面临重大生涯决策时常常会感到力不从心，同时又求助无门。

专业的事情，需要专业的人来做。在新高考背景之下，家长、学科教师和班主任都难以胜任指导学生生涯发展的重任，生涯教育在此背景下提出和实施，生涯导师也由此应运而生。生涯导师被认为是中国战略型人才的职业规划师，能够更有前瞻性且更专业地服务于学生的一种职业。

生涯导师可以从学生个体发展的需要出发，引导学生正确认识自我、发展自我、完善自我，促进学生健康成长，促进学生选择合适的人生道路并为之努力。同时，教给学生统筹考虑升学的路径、大学的分类和信息查询渠道、大学的专业设置和了解专业的资源信息途径等信息。更重要的是，可以通过生涯指导帮助学生梳理世界观、人生观与价值观，为培养学生的自我生涯规划能力奠定基础。

第三节 高中生生涯规划指导的价值与意义

生涯是指个人通过从事的事情所创造出的一种有目的的、延续不断的生活模式。一个人的生涯发展并非仅仅是生命时间的推移，而是在不断地探索发现、建构自我的过程中所过的有意义的人生。

高中阶段正处于生涯探索期（15～24岁）的初期，这个时期的发展重点是在学校、休闲活动及社会实践经验中进行自我试探、角色探索和职业探索。生涯发展的主要任务是基于职业偏好，形成符合现实的自我概念，开创更多的发展机会。

一、加强生涯规划指导是落实"立德树人"根本使命的重要组成部分

"立德树人"是教育的根本任务，一切教育活动都要服务和服从于这个核心。考试招生制度改革也不例外，同样也是为了更好地完成"立德树人"的根本使命。高中阶段是学生人生发展中汲取知识、提升能力的黄金时期。在这一重要的阶段，指导学生树立生涯规划意识，激发学生的学习热情，促进学生对未来职业和人生道路进行深入思考，是"立德树人"的应有之义，其对于个人的长远发展具有重要而深远的意义。

北京市生涯课程项目组认为，生涯指导是指向学生提供必要的学业与职业信息、引导生涯探索、指导信息收集与整理、组织职业体验、协助制定生涯规划等活动，提升学生自我认知、自我管理意识、生涯管理能力（如自信心、决策能力、问题解决能力等）、责任心与家国情怀等。学校的生涯指导是一种"鼓励学生为自身幸福负责"的教育理念，是需要统筹学校、家庭和社会资源共同参与的综合教育计划，是要构建一种有利于学生生涯发展的

支持系统。生涯指导的教育价值在于：提升学生的学习动机，增强学生的进取心和就业技能；鼓励学生接受高等教育，建立终身学习的发展理念；帮助学生获得应对复杂环境所需的生涯知识和技能；通过帮助每一个学生寻找最适合自己的人生道路，促进人人成才；协助家长提升指导能力，促进家庭和谐；服务于我国建设人力资源强国的战略目标[1]。

二、加强生涯规划指导是新时代社会发展对人才质量的必然要求

当今时代适逢知识经济兴起，科技空前发达，对人才质量提出了前所未有的要求和挑战。中国也正进入到全面建成小康社会的新时代，实现民族伟大复兴的中国梦需要一大批高素质的社会主义事业的建设者和接班人。教育要帮助学生适应新时代社会发展的需求，引导其在面对世界的飞速变化和生涯发展的不确定性时能够认清自身底数，提高成才系数，增强贡献指数，不断校准方向，培养其持续自我完善的素养，从而使其成为终身学习者和自主发展者。这既是当今我国的时代需求，也是成熟的国际经验，即通过指导学生追求有意义的人生，发挥个人潜能、实现个人价值，激发学生的内在发展动力，使人人成为有用之才，每个人才都能在未来社会找到用武之地。

随着经济发展对环境要求的转变，生涯发展指导理论在近百年的发展中也经历了着眼点、聚焦点和落脚点的巨大转变：从着眼职业转向着眼人生，从聚焦人职匹配转向聚焦适应改变，从关注决策结果转向关注发展过程。而这些转变正是新时代对人才质量新要求的体现。为应对新时代的挑战，世界各国都根据本国国情提出了不同的人才培养目标和人才素质要求，很多国家和经济体在学生发展的核心素养中都提出了需具备生涯规划与自主发展能力。具体而言，未来社会所需要的人才不是拥有一技之长就可以终身无忧的人，也不是精心打造的某一部现成机器上的一个零件，而是基础扎实、具备终身学习和自主发展能力的人。其能够在未来社会结合自身的经验和体悟，通过对自我、环境和未来的准确把握，进行自我建构，不断发掘和培养自身潜能，成为自觉行动的个体。

---

[1] 王红丽，杨碧君. 生涯指导26问[M]. 北京：中国少年儿童出版社，2017：6-9.

三、加强生涯规划指导是实现个人价值、成就幸福人生的重要前提

人力资源和社会保障部多年前对个人职业发展情况进行过一项调查,结果表明,24%的人"不明确自己的发展方向";97%的人"只有靠自己解决"职业困惑。因此,通过生涯规划指导培养学生树立职业生涯规划意识,在高中阶段解决学生生涯决策困难问题,能够取得更加理想的效果。

每个学生从小都有着各种各样长大后成名成家的美好理想,概括起来,共同的愿望就是"做一个对社会有价值的人",但如果不能清楚了解自身特点和理想职业的基本要求,就很难找到正确的努力方向。更进一步讲,对人生幸福的追求是每个人的权利,实现人生幸福是人类共同的奋斗目标。但正如泰勒本·沙哈尔研究指出的那样,一份能够获得幸福感的工作必须具备三个幸福要素,即能够让个体感到有意义(Meaning)、快乐(Pleasure)和充分发挥自身优势(Strengths)。其实质就是所从事的工作要能够与个人的价值观、兴趣和能力相适应,三者缺一不可。由此我们就能够理解,学生厌学、成人职业倦怠往往是在 MPS 三要素中至少缺少了其中的一项,而这些方面正是制定生涯规划时所要重点考虑的内容。因此,加强生涯规划指导恰恰是帮助高中生学会人生规划,激发其学习动力和进取欲望,为高中生实现自身价值和成就幸福人生提供前提保障。

四、加强生涯规划指导是新高考背景下达成高考目标的迫切需要

新高考改革的关键在于赋予了学生选择权,在高中实施"选择性教育"。"选择性教育"更加符合"育人为本"的教育基本规律,更加适合学生个性化自主发展的需求,更加有利于"成功成才"目标的达成。而选择权的下放和扩大,对高中生提出了更高的"做好选择""规划人生"的要求。在填报高考志愿时,由于全部精力都投入到备考中,学生对社会和行业发展前景缺乏了解,对自己的能力、兴趣和潜能缺乏综合分析,却要在几周内甚至几天内做出人生抉择,这对于学生来说几乎是一场赌注。由此导致不少学生进入大学乃至大学毕业后的生涯发展因一时的错误决策而充满坎坷,进入大学才发现专业与所喜欢的不符,学成毕业才知道自己想从事的工作与专业并不对口,这样的事例不

胜枚举。北京教育科学研究院所做的一项调查表明：42.1%的被调查大学生对所学专业不满意；如果可以重新选择，65.5%的被调查大学生表示将选择别的专业。这说明高考填报志愿时存在一定的盲目性和缺少计划性，这种情况不应该继续下去。因此，学生需要在高中这一黄金选择期就对自身的生涯决策以及规划有一个基本清晰的认识。因此，在教学管理上，要加强学生生涯规划指导；要调整教学组织方式，满足学生选学的需要，把走班教学落到实处；要加强设施设备、师资配备等方面的条件保障。

第二章　高中生生涯辅导课程与案例

生涯辅导立足全体学生的健康成长与人生发展，学校需要从整体层面上全方位地思考与设计学生生涯辅导课程，将生涯辅导与学校的教育教学工作有机地融合，以满足不同学生发展的需要，为学生创设更多的发展空间与选择机会，为全体学生全面而有个性的发展提供服务。

第一节　学生生涯辅导课程设计理念

学生生涯辅导课程建设的主要依据是学生成长需要国家的教育方针政策、社会发展情况以及相应的理论支撑。通过实施生涯辅导课程，切实关心关注每一位学生的成长、发展。

一、学生成长发展需求

高中生有着多重成长和发展需求，如了解职业世界，寻求自己的目标方向；了解自己个性适合从事的职业；学会自我评估，改进学习方法；学习科学决策，选科、选考、选专业；如何获取有关职业专业信息以及人际沟通、情绪调控等。他们在认识自我、寻求自我认同、目标定位、生涯选择的过程中会遇到诸多的困惑，需要相应的引导、帮助和指导。

心理学家哈维赫斯特（Havighurst）认为青春期（12～18岁）有八项发展任务：
（1）接受自己的身体与容貌，表现男性或女性特质。
（2）与同龄异性发展适当的人际关系。
（3）性别角色社会化。
（4）情感上独立于父母及其他成年人。
（5）为生涯以及经济独立做准备。
（6）为婚姻及家庭生活做准备。
（7）了解并完成具有社会责任的行为。
（8）发展一套指导自己行为的价值观和伦理系统。

对于高中生来说，要成为一个什么样的人，不同阶段的目标是什么，如何科学地结合个人能力特长、兴趣、价值观、学业等因素，确立成长与发展目标，自主选择、科学规划，是此阶段成长发展的重要任务。高中生对此需要有清楚的认识、清晰的思考及有效的行动。

传统的学校教育比较重视学生对知识与能力目标的落实，往往忽视学生个体的需求和潜质的开发。而父母不了解生涯规划，也不知道如何科学地去指导孩子的生涯规划，他们一般对热门专业与热门职业以及将来的物质待遇考虑较多，对孩子的个性需求关注较少，这样的指导功利性太强，且盲目、不理性。更有甚者，面对几十所大学和几百个专业，在选择填报适合孩子的大学和专业时，家长茫然不知，无从指导。这必然会出现很多高中学生进入大学之后，不喜欢自己专业的现象。

有调查结果显示：10%左右的大一新生喜欢、认同自己的专业；90%的大学生不了解自己的专业；30%的大学生在毕业时认为自己选错了专业，学生对就读的专业不满意，一点兴趣都没有，每天过得很郁闷、很迷茫、很痛苦，但是在现实面前，个人又显得那样渺小和无能为力，不知道未来在哪里，这是很多大学生都会遇到的困惑。

对于专业不满意的学生，如果大学有换专业政策、辅修政策，那么学生还有机会换到自己感兴趣的专业，或者学习自己感兴趣的专业课程。一般学校转专业对学习成绩都有严格的要求，如果学生自己没有把握住转专业的机会，那么，学生要么选择忍受折磨，要么退学、复读、重考，要么出国重新选择学习。让一个学生在四年时间内一直学习自己根本不喜欢的专业确实痛苦。可是选择"退学重考"也是成功与失败并存，并不是所有退学重考的同学一定能进入自己理想的学校，如果再次高考失利，或者由于高考录取的原因，自己还是没能拥有喜欢的专业、满意的学校，岂不是要付出更大的代价？而出国留学更多地受家庭经济条件制约，很多家庭没有这种经济能力。

以生涯辅导为载体，学校教育要把关心每一位学生的发展落到实处，尊重学生的个性、兴趣，满足学生的发展需要，直面学生的人生困扰：我是谁？我的目标是什么？我需要学习什么去达到目标？促进学生自我同一性发展，帮助学生找寻自我，找到方向。不仅要提升学生的自我管理与自主发展能力，更要培养学生的选择能力、担当意识、社会适应能力，促使学生个性发展与个体社会化，为学生的升学、职业生涯、生活及终身发展奠定基础。

二、学生生涯辅导目标与内容

广义的生涯概念包括生命与生活，是指一个人职业、社会、生活与人际关系的总和，是人一生中所经历的一系列职业与角色的总称，即个人终身发展的历程。因此，学生生涯辅导的意义在于促进学生的发展和生命的成长。

"自主+选择"是高中生生涯辅导的核心价值。生涯辅导要促进学生树立自主发展的观念，强调人的学习、发展意愿和动机的重要性，强调人在生命发展中的自主选择。尊重学生的个性与兴趣，尊重学生选择的权利，提升学生选择的能力，让学生可选择、会选择。其主要内涵有：

（1）发展学生积极的自我概念，促进学生的自我认识、自我接纳、自我认同、自我整合。

（2）培养学生人际交往、情绪管理、自我选择、自我决策、自我管理的能力。

（3）引导学生有效学习，让学生获得学习的成就感、愉悦感，提升学习自信，激发学习兴趣与动机。

（4）指导学生认识大学、专业、职业，引导学生找到自己的发展方向，确立发展目标，自主选择、自我负责、自我管理。

（5）促进学生的自我探察与自我评价，尊重学生依据自身个性、兴趣、价值观、需求、能力特长、学科潜质、学业成绩、社会环境等因素科学决策，理性选择学科、专业、大学、职业，自主规划生涯发展，增进志、趣、能的协调统一。

学生生涯辅导目标和主要内容见表2-1。

表2-1 学生生涯辅导的主要内容和目标

主要内容	达成目标
1. 面对全体学生展开人格辅导、适应辅导、人际交往辅导、情绪情感辅导、学习心理辅导、生活管理辅导等，帮助学生更好地了解、调控与评价自我，积极应对学业压力，与他人和谐相处，增强学生的自我管理能力和适应能力。 2. 通过实践活动、社团活动等途径开展团队合作训练、社会服务、社会调研、职业体验等，帮助学生提高承受失败和应对挫折的能力，形成良好的意志品质，了解专业、职业和大学。 3. 对个别在成长过程中有困扰或问题的学生进行评估与干预，主要包括生活、学习、交往、社会适应、应激事件的困扰，帮助学生应对成长与发展中的困惑。	"发展+健康"目标： 1. 帮助学生认识自我、悦纳自我，提高学生的学习动力和自我效能感，培养学生积极乐观、健康向上的心理品质，养成积极的生命态度，引导学生积极正向地面对自己的人生道路。 2. 锻炼学生的表达、组织、协调与沟通能力，培养学生的社会服务意识和社会责任感，促进学生形成正确的人生观和价值观。 3. 增进学生对自己与他人的了解，帮助学生有效处理问题，促进学生的自我成长，使之达到更好的适应。
1. 通过学校三类课程和学科教学，让学生了解目前的学科学习和未来生涯发展的关联与影响，找到学习活动的意义感，激发学生的学习兴趣与动机。帮助学生掌握学习方法，提高学习效果，提升学习自信，促进学业发展和学生成长。 2. 以主题教育活动、班级活动、社团活动、社会实践、志愿者服务以及综合素质评价等为载体实施学生生涯辅导活动，提升服务学生健康成长与人生发展的效果。 3. 通过学生生涯辅导专题课程和学生生涯发展规划信息平台，促进学生认识自我、学会选择，主要内容包括"认识自我、培养能力；认识专业、学会选择；认识职业、规划未来"。	"自主+选择"目标： 1. 调动学生的主观能动性，关注自己的成长，激发学生的学习兴趣与动机，提升学生的学习能力与学习自信，重视学生自我效能感的评估和提升。 2. 自主选择：促进学生的自我认识、自我探索，发展学生的自我调控、自我规划的能力，帮助学生认识专业、认识职业，引导学生找到自己的发展方向，自主选择、自主安排、自我决策、自我管理。 3. 适性选择：促进学生的自我认识与自我评价，尊重学生依据自身个性、兴趣，综合考虑家庭、社会环境等因素理性选择学科、专业、大学、职业，实现志、趣、能的协调统一。

以学生为本，尊重和关爱学生，关注学生的健康成长和未来发展，通过构建与实施学生生涯辅导课程，关注以下几方面：学生核心素养的培养，培养学生健康的生活方式，增强承受失败和应对挫折的能力，培养学生独立思考、独立判断、自主选择、自我决策的科学精神。珍爱生命，健康生活。培养学生自信自爱、坚韧乐观、自主自控等积极的心理品质以及适应能力，健全学生人格；引导学生学会学习和自主学习，正确认识和理解学习的价值，激发学习兴趣，掌握适合自身的学习方法，优化学习习惯；引导学生进行自我选择、自我管理，能够正确认识与评估自我，依据自身性向选择适合的发展方向。培养学生的社会责任感，使其具有诚信友善、宽和待人、团队意识、互助精神等良好品质；增进学生的生涯规划意识和生涯规划能力，自主与适性地选择学科、选择课程、选择大学、选择专业等。

三、学生生涯辅导课程类型

学生生涯辅导关心、关注每一位学生的成长发展。通过多元层化、立体化的课程，让学生参与到各种不同的活动中，在参与的过程中，进一步探索自己；帮助学生在学习和生活中获得成功的体验，对自己、对生活、对未来有积极的关注、好奇、承诺。同时，提升学生的学业能力，发展学生的人际交往能力，培养学生终身学习与终身发展的理念、意识与能力，帮助学生为大学、职业生涯、生活做好准备。

（一）设计学生生涯辅导整体课程

以某中学为例，学校基于学生的需求、育人目标的价值追求、社会发展情况以及适应深化教育改革的需要，学校从整体层面上全方位地思考与设计，把生涯辅导相关内容与学校的教育教学有机融合，确定了适合于学生发展的生涯辅导课程结构，即"层维设计，适性选择"，建构学校特色课程群。"层维设计"指的是学校课程体系在横向上由基础型、拓展型和研究型三类课程组成，每一类课程在纵向上又由不同的类别或层级构成，形成一个纵横方向上的分维、分类、分层设计的课程格局，凸显学校课程体系的多元性和适应性，为学生创设更多的发展空间与选择机会。"适性选择"指的是为适应社会对多样化人才的需求，满足不同学生的个性特长和生涯发展需求，鼓励学生根据自己的个性潜能和兴趣特长作出选择，使学生能选其所需，学其所爱。

学校通过建构课程群去服务与支撑学生的人生发展，为全体学生全面而有个性的发展提供服务。不仅要扩展学生的基础学力，激发内部动机，提高学生的学习能力与学习效率，更要为每一位学生的发展提供选择的平台。帮助学生认识自我，找到方向；不仅要提升学生的自我管理与自主发展能力，更要培养学生的选择能力、担当意识、社会适应能力，为学生的高考升学、专业选择、职业规划、生活幸福奠定基础。

如在学科融合方面，希望达成如下生涯辅导目标：

（1）引导学生了解目前的学科学习和未来生涯发展的关联与影响，找到学习活动的意义感，激发学生的学习兴趣与动机。

（2）提供课程的优质学习方法，引导学生有效学习，让学生有学习的成就感、愉悦感，提升学生的学习自信。

（3）不仅教知识，还要让学生清楚学科对人类社会发展的价值。

（4）要注重建立学生与学科老师的情感连接，从而影响学生的学科兴趣。

（5）在教学指导过程中，注重学生自主、自控等生涯发展核心能力的培养，开发学生的学习潜能。

（6）促进学生提升自我计划、自我监控、自我评价和自我管理学业的能力，指导学生的学业规划。

（7）在课程选择和学习方法上，为学生提供帮助，切实解决实际问题，提高教与学的效果。

（8）帮助学生发现自己的学科兴趣和能力特长，服务于学生的学科选择。

对于德育课程，要以生涯辅导理念为轴线，对学校的教育活动作系统的思考、整合，对活动的目的、内容、形式进行变化与优化，培养学生人际沟通、情绪管理、问题解决、挫折应对、自我管理的能力，积极应对学业压力，引导学生养成健康的生活方式，理解生命的意义和价值，珍爱生命，积极面对自己的人生道路，从而增进服务学生人生发展的最大效果。

新时期，在综合素质评价背景下，德育课程要更加重视学生的创新精神与实践能力的培养，学校在组织学生开展实践体验、课题研究、志愿者服务活动的过程中，要注重培养学生的创新思维、调查研究能力、动手操作能力，帮助学生积累生涯体验，服务于学生的健康成长与人生发展。

学生生涯探索体验的很多活动是融进德育课程的，如通过开展生涯辅导主题班会课、班级或社团生涯活动、志愿者服务、社会实践、社会调研、职业体验、生涯人物访谈、学科节、艺术节、科技节等生涯体验与生涯探究课程活动使学生积累生涯体验，感受社会责任感，培养能力，服务与促进学生的生涯选择与规划。

如组织学生去医院参与"白衣天使"科技实践职业体验活动，在医院青少年科技实践工作站进行为期一天的实践考察与体验学习，使同学们不仅学到了有趣实用的医疗知识，还掌握了如心肺复苏、六步洗手法、外伤包扎和伤员搬运等基本的医疗急救措施，增强了自身健康的防护意识，而且在与医生沟通互动的过程中，对医生这个职业也有了更多的了解。

组织学生参加"爱心暑托班"职业体验活动，摘录学生体验感悟：第一天提早到达实践基地，和老师们一起检查每一个细节，如把桌角做好保护措施，以保护孩子们的安全，整齐地摆放好桌椅等待着小朋友们的到来。有的小朋友活泼好动，对于我们的提醒，他们无动于衷。也有的小朋友胆小害羞，不善于和其他小朋友交流，这时，我们志愿者会细声问候，耐心地陪他聊天，一点点地消除他的胆怯，调动他的积极性。同时我们也会鼓励周围的小朋友主动和他交朋友，增进感情。

在5天的实践体验活动中，每个志愿者同学轮流做小组长，开展各类活动，比如故事演讲、蒙眼作画、才艺展示等，志愿者与小朋友一起做游戏，辅导他们做作业，记录他们点点滴滴快乐的时刻。这样的活动锻炼了学生们的组织能力，磨炼了学生们的耐心。

社会实践活动能够让学生切实体验服务社会的过程，树立社会服务的意识，锻炼学生的勇气和信心，培养学生解决问题的能力。正如学生所言："当我们亲身上岗时我们才感觉到了职责，才感觉到做好一份工作更加需要的是耐心和决心，经过这一次的经历，我觉得自己学到了很多很多，希望在以后的学习生涯中也能像这样有决心和耐心，一步一步踏实地走下去！"

（二）建构学生生涯辅导专题课程

学生生涯辅导专题课程目标是帮助学生"认识自我、培养能力；认识专业、学会选择；认识职业、规划未来"。内容包括"自我认识、能力培养、学科选择，认识专业、认识学校、认识职业，专业选择、职业规划、志愿填报"等，分为学生生涯辅导认知课程、学生生涯辅导探索课程、学生生涯辅导规划课程三类课程。

在长期的实践过程中，积累形成了学生生涯辅导校本专题课程的主题内容，下面摘录部分课程主题菜单，见表2-2。

表2-2 学生生涯辅导专题课程部分主题菜单摘录

课程类型	主题菜单	
生涯辅导认知课程	1. 我们的杰作 2. 如何有效沟通 3. 认识与察觉情绪 4. 表达与调节情绪 5. 压力应对 6. 认识专业 7. 认识职业	8. 我是谁 9. 我的 X 元素 10. 我的自画像 11. 我的气质 12. 我的性格 13. 我的价值观 14. 接纳自我
生涯辅导探索课程	1. 我的生涯兴趣 2. 我的生涯能力 3. 我的生涯价值观 4. 我的家庭职业树 5. 生涯信息搜索	6. 接触向往的大学—大学考察活动 7. 了解专业学群—专业探究活动 8. 关注职业—职业访谈活动 9. 参加大学招生现场咨询活动 10 尝试一次班干部的实践管理
生涯辅导规划课程	1. 我的梦想节目单 2. 今天，你拖延了吗？ 3. 我的时间在我手中 4. 合理归因，建立信心 5. 考试心理辅导	9. OH 卡看生涯 10. 职场模拟面试活动 11. "生涯发展信息平台"使用运作 12. 招生政策解读与策略应对 13. 了解招生信息，调整生涯规划

续　表

课程类型	主题菜单
生涯辅导 规划课程	6. 生涯取经路—职业兴趣初探 7. 梦想的利剑—职业能力准备 8. 选择+负责—职业价值观澄清	14. 理性评估+科学选择—志愿填报 15. 生涯目标—彩绘人生 16. 且行且珍惜—探求幸福

通过实施生涯辅导课程，帮助学生学会学习，认识自我，找到方向；促进学生的自主发展和自我管理，培养学生的选择能力、担当意识、社会适应能力，服务学生的专业选择与职业规划。

第二节　学生生涯辅导认知课程

发展自我认同和逐步建立自我同一性是青春期的首要任务，是否拥有自我认同感和自我同一性体验是青少年心理健康和人格成熟的标志，并直接影响到他们的生活适应。自我认同是能够接纳适应自己的身份和社会角色，并对个人未来的生涯发展拥有较具体的目标。自我同一性的确立使青少年能够包容不同人对他的印象和期待，成为一个富有个性的、心理健全的人。

学生生涯辅导认知课程的主旨有三个方面：一是帮助学生认识自己，帮助学生在了解自己的性格、气质特点的基础上，思考"我"是一个什么样的人？对于现有的"我"，哪些可以接受？哪些需要改变？促进学生自我探索和积极发展的自我概念。二是关注学生人际适应、沟通交往、合作竞争、情绪管理等能力的培养，提升学生的社会适应能力。三是增进学生对大学、专业、职业和社会的认识等，帮助学生了解大学、专业、职业，引导学生确立自我发展目标，自主规划生涯发展，做自己生命和生活的设计师。本节主要介绍了自我认识、升学了解、专业认识、职业了解三个专题的内容。

一、自我认识篇

对自我的认识，是人类一个永恒的主题，是个体不断探索自我、完善自我的源泉，也是人类社会发展的原动力。

（一）自我认识的概念与意义

青春期自我意识的迅速发展让中学生开始认真思考"我是谁"。他们开始关注自己，关注自己与他人、世界的关系。关注自己的形象，要求深入地了解内心活动。对事物有自己的想法和见解，对成人传递的信息能够批判性地接受。渴望能够像成人一样安排处理自己的事情，开始拥有成人感，渴望独立，也要求独立。

心理学家如此理解"自我"的概念：自我意识是个体对自身的认识和对自身周围世界关系的认识，是对自己存在的觉察。大致分为以下三方面的内容：

一是个体对自身生理状态的认识和评价。主要包括对自己的体重、身高、身材、容貌、性别方面的认识，以及对身体的痛苦、饥饿、疲倦等感觉。

二是对自身心理状态的认识和评价。主要包括对自己的能力知识、情绪、气质、性格、理想、信念、兴趣、爱好等方面的认识和评价。

三是对自己与周围关系的认识和评价。主要包括对自己在一定社会关系中的地位、作用，以及对自己与他人关系的认识和评价。

充分的自我认知有助于降低心理问题的发生率。其实所有生活的问题，最终都会指向个体本身。问题原本不存在，只有当个体遇到了生活事件以后问题才会出现。在生活中我们总能够看到一些人，他们总是会有情绪上的麻烦，总是会埋怨周围，总是生活在重复的循环之中。除却个体的差异之外，我们可以在这些人身上找到类似的地方，比如很少反省、自以为是、依赖过度、急功近利等。在生活中仅仅向外看是没用的，因为任何情景、任何事件的应对都要结合环境与自身实际情况才能够作出合理的应对。从来不看自己意味着盲目，就像你开车行驶在高速公路上却不知道自己脚下的是卡车、汽车还是摩托车一样，早晚会出事故。当今的精神病学对疾病的身心关系也有了进一步的研究,情绪控制和血压、性别认同和子宫肌瘤、自我攻击和癌症、前进的愿望和关节炎等之间有着非常密切的联系。看清自己,方可在人生的道路上游刃有余地自在前行。

西方哲学有三大问题:"我是谁?""我从哪里来?""我到哪里去?"知道自己是谁,便知道自己从哪里来。知道自己从哪里来才能清楚自己要到哪里去。不论有意还是无意,每个人都在不断地探索自己,认识自己,然后成为自己。处在青春期的中学生几乎都对将来有过迷茫,不知道何去何从,也不真正清楚自己现在读书求学是为了什么。一部分人完全不知道;一部分人有些模糊的答案;一部分人会把父母的意愿当作自己暂时的答案;更有一部分人把父母的意愿误以为是自己真实的答案。在这个问题上,如果不是通过自己的努力和经验得到的答案,那么这个孩子还是会去不断地寻找真正的自我。于是乎,这些孩子以成为差生甚至不良少年来寻求自己的身份认同;一些优等生一下子不能参加考试或者不愿意上学。所以在生活中对于自我的确定感能够让人自发而又坚定地确定并实现目标。

(二)高中生自我认识的特点

(1)高中生的自我认识基本成型,但又存在很大弹性。

高中阶段已接近青春期的尾声,学生的生理和心理都接近成熟,这是自我同一性整合和个性形成的关键阶段。在这个由不成熟到成熟的转折时期,就像黎明前的黑暗,心理矛盾和冲突暗潮汹涌,激烈碰撞。在经历了混乱而又复杂的青春期,个体终于从一个儿童向一个成人蜕变。就如英国著名心理学家温尼科特所描述的那样,旧的软件系统已经随着硬件的突变而变得过时,无法应对周围的环境。因此,青少年急需安装一个新的系统,就像旧瓶装新酒那样。

高中生是孤独的,又是渴望亲密的。他们已经有一定的自我意识,希望自己做很多决定,希望能够为自己的行为负责,但同时心里又非常不确定。他们心中期待家人、教师给予指引,但另一方面又不希望被他人影响,所以高中生在很多事情上都感到迷惑和矛盾。对于他们自己已经形成的一些观点即使是不合理的,外界也比较难以修正和改变,除非是他们自己有意的。另外由于我国的孩子普遍存在身体发育提前,心理成熟延后的情况,所以高中生自我认识的不稳定性较之从前也在增加。所以在高中的课堂中会经常看到跨度非常大的情形：一些孩子对于自己的认识非常深刻，还有一些孩子就像刚从小学升到初中一样对于自己一无所知。

（2）高中生的自我探索偏向内部深度探索，且喜欢自己独自探索。

高中生对于自我的探索不再像小学和初中那样主要停留在外表和身份，他们更多地开始向自己内部探索。探索的深度也不再满足于兴趣爱好，而是转向性格、气质等较为本质的心理特质。一些高中生开始涉猎哲学类、心理学类书籍，寻找一些关于自我最根本问题的答案；他们也会从小说、电影或者动漫中的人物情节受到启发，去探索独一无二的自己。

在讨论一些表层的心理话题（如兴趣）时，高中生尚且表现得挺愿意和周围的同伴一起分享，然而一旦涉及自我的某些核心成分（如性格、秘密）时，高中生则会表现得非常有隐私感，他们不太愿意与他人分享这些内容。所以更多的时候，高中生会独自进行深度的自我探索。温尼科特说："青少年是孤独的，但是所幸他们可以一起孤独。"作为教师和家长很难触及这一层面，不是他们不愿意而是他们不能，谁也无法明确地分享一个自己心里也不是很清楚的行为过程和答案。我们也大可不必着急，因为这是高中生成为自己的一个过程，不论结果如何，有没有找到答案，至少探索的过程就是一种成长。

（3）高中生外在行为表现积极性不高。

在外人眼中，高中生自我探索的积极性不如初中、小学阶段的学生那么高：一方面他们在这个阶段不太愿意分享，另一方面因为他们有更加紧迫的学业任务。如果教师让一个高中生在心理课堂上分享自己的性格特质，也许他会随口说一两个答案来敷衍你。你看着他茫然的脸庞，试图鼓励一下或刺激一下，希望能得到真实的回答。最后你沮丧地发现，他并没有什么分享的愿望，也不想按照你的思路进行探索。课后你会惊奇地发现在他的作业本中却写下了整整一页关于自己的描述和困惑，希望得到你的回应。也许这就是许多高中生的真实情况：期待与拒绝共存。

目前，我国的高中生面临着高考这一人生重大使命，以至于他们在这一阶段的大部分时间和精力都用于学习知识和应对考试上。对于自我的探索愿望虽然强烈，但比起无所不在的分数，有时候他们会无暇顾及前者。这种情况进一步削弱了高中生探索自我行为的发生率。

（三）自我意识与价值观的审视、调整、构建

价值观是指一个人对周围的客观事物（包括人、事、物）的意义、重要性的总评价和总看法，包括价值取向、价值尺度和评价标准。价值观的含义十分广泛，大到人生基本价值取向，小到个人对某一具体事物所持的态度。黄希庭认为价值观是人生观和世界观的基础与核心，价值观是指导人们行为的心理倾向系统，它可以作为一个标准，指导人们区分是非好坏。

高中生生涯辅导要抓住高中生自我意识发展的这一特殊阶段，以他们对生命意义与人生价值思考的求索心理为契机，启迪学生思考生命的意义、人生的价值，帮助高中生澄清自己的价值取向，熏染其价值认知与价值判断的能力。引导学生在社会实践活动中去体验，获得积极的情绪感受，内化到学生的价值体系之中，成为高中生判断是非和取舍的依据和标准。并在社会实践活动中及与他人互动的过程中，随时审视、修整自己的价值观，最后达到完善自我。

二、升学了解篇

高中阶段是生涯探索与选择的关键阶段。在此时期，学生面临着升学路径的探索与选择。升学路径的选择首先受到高考招生政策的直接影响，其次受到自身的兴趣、条件、资源等的影响，最后也受到学生的生涯规划与准备的影响。

本节课引导学生了解不同的升学路径，帮助学生了解升学路径相关资讯的获取方式以及初步选择适合自己的升学路径，并提前做好准备，发展自我。

小蔡的困惑

小蔡同学刚进入高一，同桌便邀请他一起参加化学奥赛兴趣班。同桌告诉他：今年有个学长虽然高考分数刚过一本录取分数线，但是因为参加了化学奥赛并获奖，因此获得了厦门大学自主招生降分录取优惠，如愿被厦门大学化学类专业录取。小蔡听了很动心，自己的化学成绩还不错，听起来这是

第二章 高中生生涯辅导课程与案例

一个蛮好的办法。不过，他也听其他同学说，参加奥赛班要花很多的时间和精力，会影响到其他科目的学习，还不如好好按照正常进度学习，到时通过统一高考报考理想的大学和心仪的专业。小蔡听了两方的说法，不知道自己是否该参加化学奥赛兴趣班，也不知道如何才能被心仪的大学和专业录取。

你是否也有类似小蔡的困惑？你知道有哪些途径可以被心仪的大学和专业录取吗？

由生涯案例导入，了解学生的生涯现状，激发学生对了解升学路径的兴趣。该部分在导入时教师还可以从解释"高考"的全称开始，引起学生的兴趣，从而导入课堂。

（一）高校考试招生方式知多少

从同学的角度来说，是升学路径，而对高校来说，则是高校考试招生方式，两者是同样的内容，只是从不同对象的角度区分而已。可以查阅所在省级（省或直辖市）的政府、教育厅或教育考试院等网站，了解所在省市的深化高等学校考试招生综合改革方案及高校考试招生主要方式。例如，夏季高考或春季高考，普通本科招生或高职（专科）招生。该环节旨在通过查阅所在省市的深化高等学校考试招生综合改革方案，了解所在省市的高校考试招生的主要方式，从而了解主要的升学路径。学生首先要了解春季高考和夏季高考的区别，初步选择是参加春季高考还是夏季高考。

（二）升学路径相关资讯的获取方式

教师可以利用之前生涯案例"小蔡的困惑"或其他学生的例子，口述或在 PPT 上呈现升学路径相关资讯常见的获取方式。

升学路径相关资讯常见的获取方式有如下几种：

（1）网站：例如，教育部及所在省市阳光高考信息平台、所在省市教育考试院、高校招生网等。

（2）书籍：例如，所在省市教育考试院所出版的招生指南、招生计划。

（3）报纸杂志：例如，《高校招生》《考试与招生》《招生考试报》等。

（4）向当地招生办、高校招生办等打电话或当面询问。

（5）学校的通知：教育部门通过学校向学生发布的各类招生信息。

（6）生涯人物访谈：向学长学姐了解其升学路径及相关的人生故事。

（三）升学路径盘点

学生可以查阅所在省级招生委员会发布的当年普通高等学校招生考试报名工作、招生工作的通知（一般在省级教育考试院可以查询到相关通知），了解统一高考的报名类别、招生工作的实施细则以及各类别招生的条件。除普通类招生外，特殊招生可到阳光高考信息平台和感兴趣的高校招生网站查看相关的具体条件和要求。

学生需要对照自身的兴趣、条件和资源初步选择适合自己的升学路径。可以按照兴趣、条件和资源的符合程度，列出排在前三的升学路径。

（四）高中三年综合素质发展计划

综合素质评价主要反映学生德智体美全面发展的情况，作为学生毕业和升学的重要参考。普通高中综合素质评价注重考查学生的社会责任感、创新精神和实践能力，评价内容主要包括学生的思想品德、学业水平、身心健康、艺术素养、社会实践等。

学生结合自己对升学路径的了解和选择，做好高中三年综合素质发展计划是非常有必要的。建议每个项目在每个学年至少安排一项内容。作为课后作业，让学生课后进行探索、思考与填表，见表2-3。

表2-3 我的高中三年综合素质发展计划

项目	主要内容	高一	高二	高三
思想品德	党团活动、社会活动、志愿服务、公益劳动等			
学业水平	必修和选修课程、学科竞赛等			
身心健康	体育锻炼、体育比赛项目等			
艺术素养	参与艺术活动、学生艺术团等			
社会实践	军事训练、生产劳动、社会调查、勤工俭学、科技创新、研究性学习成果、创造发明成果等			

续 表

项目	主要内容	高一	高二	高三
典型事例	本人的社会责任感、专业志向与才能、个性特长与个人爱好等方面的突出表现			
典型案例材料	研究性学习报告、社会调查报告、艺术创作作品等			

该环节作为课后作业，旨在引导学生结合自己的选择提前做好准备，发展自我。如果课堂有时间，可以请同学们进行小组讨论与分享。如果课堂时间有限，则可以由学生在课后自行完成。

三、专业认识篇

一般来说，专业选择要做到"知己知彼"，个人兴趣爱好、自身特长、人格特点、价值需求，专业的性质、特点、内容、能力要求以及就业前景等，都是考生选择专业的参考要素。考生要结合自己的成绩、兴趣爱好、职业定位、家庭环境等因素，综合考虑后再作出选择，以减少盲目性和随意性。

在传统高考制度下，大部分高中生是在高考结束后、志愿填报前才思考专业选择的。在较短时间内，很难深入了解专业及其就业前景。部分学生和家长重学校、轻专业，为了进入理想院校而选择了自己并不喜欢或不适合的专业。这导致有些学生进入大学后，学习动力不足，甚至大学毕业后放弃专业就业。归根结底，这是因为有些高中生对专业与职业的联结了解不够，对学科与专业认识不足，也缺乏充分的时间探索专业。本节将全面介绍大学的专业、学科及其分类，以及专业与职业的关系，帮助学生掌握探索专业的方法。

名校学子不满专业退学复读

2013年，邹某被清华大学录取，当时他挑了测控技术和仪器专业。大一学的多是基础课，大二开始接触专业课后，他才发现专业课与自己的兴趣相差甚远。慢慢地，他觉得自己难以坚持，于是提出了退学申请。2015年他决定重新参加高考。2016年，他以武汉新洲区状元的身份考入北大光华管理学院。

无独有偶，邹某复读时的同班同学王某，2015年考入北大医学部，上学不到一个月，因所选专业不合适，选择退学返回母校就读。2016年，王某再次考入北京大学，准备就读数学或者信息科学专业。

两名学生接受采访时表示：退学原因不为其他，只为选择一个自己喜欢的专业。

两名学霸用退学复读的方式来选择喜欢的专业，勇气可嘉，但这种纠错方式付出的代价不小，不值得提倡。他们学习成绩优异，但第一次选择专业时是盲目的，对所报专业并不了解。高校有几百个专业，如果在高考后、志愿填报前才开始了解专业，难免了解不深，有所偏差。因此，在高中阶段要提前做好专业规划，了解各专业的内涵及方向。

（一）介绍专业、学科及其关系

我国高等学校本科教育专业是按"学科门类""专业类""专业"三个层次来设置的，即一个学科门类下面设置若干专业类，一个专业类下面设置若干专业。教育部在2020年版《普通高等学校本科专业目录》共划分了12个学科门类，93个专业类，740个具体专业，见表2-4，具体专业情况可通过网络进一步查询。

表2-4 我国高等学校本科教育设置

学科门类（12）	哲学	经济学	法学	教育学	文学	历史学	理学	工学	农学	医学	管理学	艺术学
专业类（93）	1	4	6	2	3	1	12	31	7	11	10	5
专业（740）	4	23	47	26	123	8	45	246	43	61	63	51

普通高等学校本科专业中，特设专业和国家控制布点专业分别在专业代码后加 T 和 K 表示，以示区分。基本专业是学科基础比较成熟、社会需求相对稳定、布点数量相对较多、继承性较好的专业。特设专业是针对不同高校的办学特色、适应近年来人才培养特殊需求所设置的专业。

我们填报志愿时，往往用专业代码代表相应的专业。专业代码就是用来指示大学专业的数字编号。专业代码通常由 6 位阿拉伯数字组成，前两位代表专业所在门类，中间两位代表专业所在学科专业类，最后两位代表专业。如 070602 是理学学科门类大气科学专业类应用气象学专业的代码，其中前两位数字 07 代表理学学科门类，前 4 位数字 0706 代表大气科学专业类，6 位数字 070602 代表应用气象学专业。表 2-5 为哲学学科门类及下属一级学科、二级学科的专业代码。

表2-5　专业与对应代码

01	哲学学科门类
0101	哲学类
010101	哲学
010102	逻辑学
010103k	宗教学

学科是科学知识体系的分类，不同学科就是不同的科学知识体系，如自然科学、人文社会科学等。专业是在一定学科知识体系的基础上形成的，一个学科可以分成若干专业；在不同学科之间也可以组成跨学科专业。

高等学校设置的专业根据"血缘"关系划分为四个学科领域。这四个学科领域是：人文学科、社会科学、自然科学、工程技术。人文学科包括：哲学类、文学类、历史学类和艺术学类。社会科学包括：经济学类、法学类、教育学类、管理学类。自然科学包括：理学类。工程技术包括：工学类、农学类和医学类。虽然有些学科属于边缘学科，介于两大学科的交界处，但大多数学科都是可以被归纳到这些类别中的，见表2-6。

表2-6 四个学科领域与12个专业类别的对应关系

人文学科	哲学类、文学类、历史学类、艺术学类
社会科学	经济学类、法学类、教育学类、管理学类
自然科学	理学类
工程技术	工学类、农学类、医学类

了解这些分类可以帮助学生产生了解学科关系的地图，了解这个地图以后，就更容易找到前进的路线，减少迷茫，比如一个数学专业的同学，以后想做信息技术，是不是可以呢？当然是可以的。但是一个学法律的同学想转行去做医生呢？可以说这个概率是很小的。为什么会有这样的情况呢？因为学科之间的转换是有规律的，就好像在学科地图上的道路一样，某些学科之间道路很宽，另一些则比较窄。

首先，基础学科（人文学科和自然科学）向应用学科（社会科学和工程技术）转换的道路比较宽，也就是基础学科向应用学科转换比较容易；而反过来的道路则比较窄，这意味着应用学科向基础学科转换比较困难。比如人文学科的文学类学生可以转到属于社会科学的教育学类或者管理学类的专业或职业，但是管理学类的学生向文学类或者哲学类专业转换就相对困难。同样有很多学习数学或者物理专业（自然科学）的同学转到软件工程（工程技术）方向学习或者工作，但是学习软件工程的同学很难转到数学专业学习。

其次，由于社会科学的学科门类大多属于交叉学科，其中包含自然科学和工程技术的内容，也包含人文学科的内容，因此从其余三大类专业转到社会科学的路径都是相对开放的。比如社会科学中有很多专业需要用到统计学的知识，因此自然科学和工程技术专业的人转到社会科学领域进行深入研究和工作是可行的；同样学习人文学科的人转换到需要统计学知识的社会科学专业，则需要补充数学和统计学的知识，见图2-1。

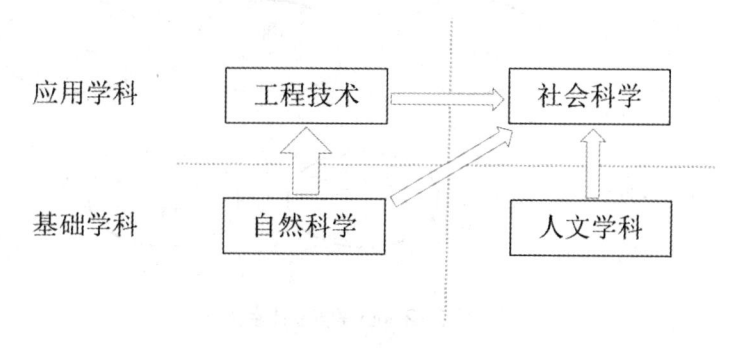

图 2-1　专业转换示意图

图 2-1 表示学科地图中存在的专业转换路径。其中箭头较粗的表示学科间的"路"比较宽，也就是说学科间的转换相对容易，比如，从自然科学到工程技术的转换最容易也最为常见，如物理学专业转到工程机械专业，化学专业转到环境工程专业。其他几条转换路径没有这个宽，不过也是存在的：人文学科转到社会科学，比如历史学转到教育学；自然科学向社会科学转换统计学转换到经济学；还有工程技术转换到社会科学，如工程技术转到管理学。

（二）生涯活动：绘制专业家谱图

专业并不是固定不变的，而是不断分化和整合的结果。在古代，几乎没有专业的分别，所有的知识都是哲学的一个分支。春秋时期，"文史哲"不分家。古希腊哲学家亚里士多德又是物理学家、心理学家、经济学家、教育家和政治家。后来，随着知识的积累，数学、力学、天文学等科学逐渐从哲学中分离出来。专业像一个家族一样，有它的父辈专业，也有它所分化出来的子专业，见图2-2。

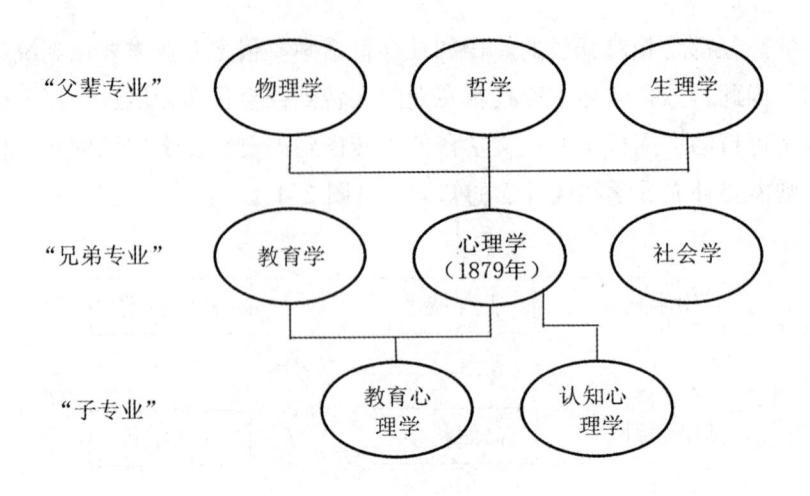

```
"父辈专业"    物理学        哲学         生理学

"兄弟专业"    教育学      心理学        社会学
                        （1879年）

"子专业"                教育心      认知心
                         理学        理学
```

图 2-2　心理学专业家谱图

（三）专业与职业的关系

高中生小王平时喜欢电脑，他打算选择计算机专业。可是，学习这个专业后，未来能做哪些工作，他并不清楚。

读高中的小兰很羡慕在银行工作的表姐，她也很想将来在银行工作。在填报志愿时，老师告诉她：与银行工作相关的专业有很多，比如金融学、经济学、会计学、统计学、应用数学等。小兰一时迷茫了，不知该选什么专业。

专业与职业并非严格一一对应的关系，而是有多种对应关系，现总结如下：

1. 一对一关系

即一个专业方向对应一个职业方向或目标，这类专业的培养目标较为单一、明确，如医学类、航空航天航海类、体育类、艺术类、司法公安等专业，就业的职业和行业都趋于一致。有意选择该类专业的同学应该提前做好职业规划，了解职业，以确认自己是否喜欢和适合，再选择专业和发展路线。

2. 一对多关系

即一个专业可以对应多种职业，也被称作宽口径、厚基础类型的专业，如哲学、历史学、文学、经济学等专业，学习内容比较广博，发展方向比较分散，与职位、行业都没有必然关联。以经济学为例，毕业生可以在综合管理部门、政策研究部门和政府机关从事研究与管理工作，也可以在科研机构、学校从事教学研究工作，还可以在金融机构、企业从事经济分析、预测、规划和经济管理工作。因此，确定学习这类专业后，还要确定适合自己发展的职业目标。在确定职业目标时，尽可能和自己的职业人格相匹配，并根据具体职业的要求，有针对性地学习和开发其他必要的知识和技能。

3.多对一关系

即多种专业都可以从事某一种职业的情形，如新闻记者、政府公务员、营销、企业管理等职业。这类职业在招聘时会招收多种专业毕业生，甚至不限专业。这类职业对具体某种专业的知识技能要求可能不高，但对通用技能、综合素质要求较高。有意往该方向发展的同学应尽可能先明确职业目标，再根据职业要求和自身特点选择相关专业。

以上关于专业与职业的关系只是大致划分，实际情况可能交叉融合，比如法学、会计学、审计学、人力资源管理、平面设计等，理论上讲可以在所有的行业工作（一对多），但工作岗位一般是固定的（一对一）。此外，社会发展的趋势使越来越多的职业需要综合性、创造性的人才，需要跨专业、多专业的复合型人才，多专业的知识技能更符合职业需求，见表2-7。

表2-7 不同专业结合产生的职业岗位

专业		职业
经济学	新闻学	财经记者
外语	新闻学	国际新闻
汉语言文学	心理学	心理杂志编辑
外语	法学	涉外律师
汉语言文学	法学	著作权律师
金融学	法学	资产管理

大学里任何专业都可衍生出不同的职业方向，考研考博通常发展为研究性职业，也有进入企业专业技术部门的技术类职业，还有进入专业相关行业的营销类或管理类职业。参考专业与职业的关系，见图2-3，学生结合自己感兴趣的专业，考虑未来可能的就业方向。

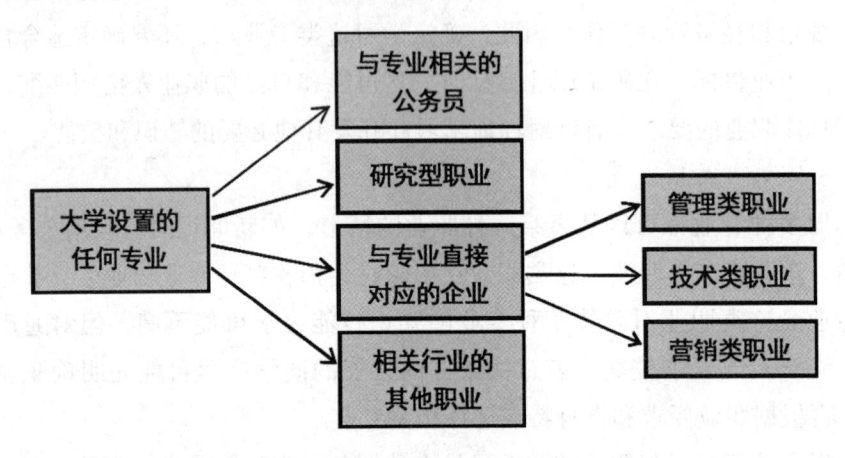

图2-3　专业与职业的关系

（四）专业探索的内容与方法

在高中阶段及早探索专业、了解专业，具有重要的意义。第一，明确自己可能喜欢的专业。在了解一个专业后，与自己的兴趣、性格相对照，思考自己是否喜欢和适应该专业。如果发现不是真的喜欢，就要及时转换方向，继续探索自己喜欢的专业。

第二，明确该专业毕业后的就业出路。了解该专业以后的就业方向，并思考自己希望从事什么样的职业。

第三，明确如何有效学习，以实现专业和职业目标。找到了自己喜欢或者可能喜欢的专业，知道自己在高中阶段为何而学，在大学阶段安排学习生涯时，就可以聚集更多能量。

当我们去探索专业时，主要探索的内容有：专业的课程设置、专业的培养目标与培养要求、专业的就业前景、专业排名、专业报考条件与选考科目范围。

当我们去探索专业时，主要探索的内容有：

1.专业的课程设置

了解一个专业首先要了解它的课程设置。课程设置能够让我们清晰地看到,选择了某个专业之后,未来几年的大学学习中,需要攻克的学习内容。同时可以大致了解高中阶段学好哪些科目会为未来的专业学习打下良好基础。假设你对经济学类,尤其是其中的金融学专业比较感兴趣,那么要想知道该专业的课程设置,你可以在各个大学的官方网站上搜索该学校金融学专业详细的学习内容,包括该专业开设的公共基础课、学科基础课、专业主干课等。

2.专业的培养目标与培养要求

每个专业都有对本专业学生的培养目标和培养要求,我们可以据此知道自己经过大学学习后,应该具备何种专业素养,掌握哪些专业能力。此外同一个学科,不同学校有不同的专业设置方向,如金融学专业,北京大学就规定金融学专业"从大学三年级选择专业开始,专业培养方向主要侧重于货币银行学、国际金融、公司金融、金融工程投资学与资本市场等领域"。

3.专业的就业前景

某个专业未来对应的职业都有哪些?这些职业都是做什么的?可以去从事哪些行业?对这些职业或者行业我们是否感兴趣?未来的发展前景如何?这些与就业息息相关的问题在选择专业时都要慎重考虑。如果一个学生大学本科选择金融学专业,希望毕业后进入银行工作,那么未来该学生实现就业理想的概率就很大;如果他希望毕业后从事艺术创作,金融学专业的学习对其未来职业发展的帮助就没那么直接了。所以,如果我们已经有了既定的职业目标,就要有意识地把专业和职业联系起来。

4.专业排名

我国教育部学位与研究生教育发展中心自 2002 年起组织开展学科评估,按照国务院学位委员会和教育部颁布的《学位授予和人才培养学科目录》的学科划分,对具有研究生培养和学位授予资格的一级学科进行整体水平评估。2017 年 12 月,第四轮全国学科评估结果已出炉,为学生选报学科、专业提供了参考。

如果你有留学计划,或者打算在本科毕业后出国深造,申请国外的大学,那么国外的"QS 世界大学学科排行榜"就比较具有借鉴意义。

5.专业报考条件与选考科目范围

有些专业由于性质比较特殊，对考生有特别要求，所以在选择专业时要千万留意，所选择的专业有没有特殊要求，比如体育类、音乐类、艺术类等专业大多对身高、外在形象有一定的要求。此外，播音与主持艺术专业还要求考生发音器官无疾病，无色盲、夜盲。

随着新高考改革的推进，高等学校将对学科或专业提出选考科目范围的要求，比如报考物理信息与工程专业的高考考生必须选考物理。表2-8列出了比较详细的专业探索内容，可供学生参考。

表2-8 专业十项调查表

序号	调查要素	具体内容
1	课程设置	该专业学习哪些课程？
2	培养目标	该专业的培养目标和培养要求是什么？
3	相关专业	该专业属于哪个学科大类？与该专业相关的专业有哪些？是否有相同或相近的研究生专业？转换专业是否可行？
4	名校名师	开设该专业的名校和院系名称，排名情况怎样？不同学校的优点和缺点是什么？该专业名师有哪些？他们有哪些专业的成就？
5	就业去向	该专业毕业后能从事哪些职业？每个职业具体是做什么的？每个职业除专业要求外，还需具备哪些知识和能力？
6	发展前景	该专业的发展前景如何？对社会和生活有什么价值？
7	榜样人物	该专业有哪些成功人士？他们取得了哪些成就？他们又是怎么成功的？
8	权威企业	该专业领域有哪些权威企业或机构？
9	专业要求	该专业适合什么样的人学习？有哪些具体要求？
10	学习方法	如何才能学好这个专业？学习的圈子和资源都有哪些？

第二章 高中生生涯辅导课程与案例

续 表

根据探索行为的程度和信息距离的远近,我们可以把专业探索的途径分为三类:

一是查阅,即通过查阅网络或书籍的方式获取专业信息。各校招生网站会大概介绍学校的专业情况,如要了解更详细的专业信息,可进入该专业所在的学院或系的网站进一步了解。院系网站上的专业专栏对本院开设专业的介绍更加翔实和清晰,如各专业人才培养方案以及师资力量、课程特色、实验室、科研基地等办学条件和建设情况。近年来,为帮助高考学生填报志愿,出现了一些专门介绍大学专业的书籍,如《中国大学专业详解》《大学专业详细解读》等,也可参考。如果想对某一专业进行深入了解,还可以根据该专业的课程设置,借阅该专业主干课程书籍通读,了解该专业的学习内容。

二是接触,通过与人交流的方式搜集专业信息。高校在职教师与专业接触最密切,可以提供较宏观的信息。专业教师对本专业的学习内容、学习方式、升学方向、专业前景等了解较多。带过毕业班的高校辅导员会了解该专业毕业生的就业去向和就业情况。学校就业指导部门的工作人员会更清楚不同专业的就业率和就业质量差异。该专业的在校生对专业学习内容和难易程度有更深的体会。该专业毕业的职场人士会以职业人和过来人的眼光看待学校的课程设置、大学期间的学涯规划、专业与职业的联结,能够对未来成长给出有价值的建议。

三是体验,即通过实地参观、直接参与等方式体验专业。高考后的招生咨询现场能与多个高校或某大学多个学院面对面了解专业情况,但是人多,时间紧,获得的多是学校的官方信息。目前,越来越多的高校设置了校园开放咨询日,面向高中生开放,带领高中生参观校园,介绍专业情况,甚至安排和院系老师面对面交流。由于高中阶段学习时间紧凑,难以在高校开课期间旁听课程,但互联网引领的慕课潮流很好地解决了这一问题。我们可以通过一些官方的慕课平台(如中国大学慕课、智慧树、超星慕课等)选听一些感兴趣的专业课程,了解它们是否符合自己的兴趣。

探索专业的方法不是孤立的,各种方法应结合使用。采用查阅的方法探索专业,信息较为便捷,容易获得,其不足之处在于搜集的信息是间接的,可能与现实感受有差距。接触和体验的方式需要花费更多的时间和精力,但是获得的信息更深入,可以和自己的感受直接印证。"告诉我,我会忘记;给我看,我会记得;让我参与了,我会明白。"对专业的探索也不例外,我们可以采取由易到难、由近及远,循序渐进的方式展开探索。

四、职业了解篇

职业是参与社会分工,利用专门的知识和技能,为社会创造物质财富和精神财富,获取合理报酬,作为物质生活来源,并满足精神需求的工作。一个完整的职业包括职能与行业。

(一)中国职业分类简介

1.职业的发展变化

《中华人民共和国职业分类大典》指出,职业分类包括大类、中类、小类和细类结构,细类是最基本的类别,即职业。

1999年版《中华人民共和国职业分类大典》将我国职业归为8个大类,66个中类、413个小类、1838个细类(职业)。8个大类分别是:

第一大类为国家机关、党群组织、企业、事业单位负责人,其中包括5个中类、16个小类、25个细类。

第二大类为专业技术人员,其中包括14个中类、115个小类、379个细类。

第三大类为办事人员和有关人员,其中包括4个中类、12个小类、45个细类。

第四大类为商业、服务业人员,其中包括8个中类、43个小类、147个细类。

第五大类为农、林、牧、渔、水利业生产人员,其中包括6个中类、30个小类、121个细类。

第六大类为生产、运输设备操作人员及有关人员,其中包括27个中类、195个小类、1119个细类。

第七大类为军人,其中包括1个中类、1个小类、1个细类。

第八大类为不便分类的其他从业人员,其中包括1个中类、1个小类、1个细类。

2015年版《中华人民共和国职业分类大典》，将我国职业分类结构为8个大类、75个中类、434个小类、1291个职业。与1999年版相比，维持8个大类不变，增加9个中类和21个小类，减少547个职业。其中，质检行业共24个职业列入《中华人民共和国职业分类大典》。

2015年版《中华人民共和国职业分类大典》在1999年版《中华人民共和国职业分类大典》的基础上，主要从以下四个方面进行了修改、调整和补充：

第一，对职业分类体系的修订。调整后的职业分类体系为8个大类、75个中类、434个小类、1291个职业。与1999年版相比，维持8个大类不变，增加9个中类、21个小类，减少547个职业（新增347个职业，取消894个职业）；并列出了2670个工种，标注了127个绿色职业。新增的职业包括"网络与信息安全管理员""快递员""文化经纪人""动车组制修师""风电机组制造工"等。取消的职业包括"收购员""平炉炼钢工""凸版和凹版制版工"等。

第二，对职业信息描述内容的修订。维持142个类别信息描述内容基本不变，修订220个、取消125个、新增155个类别信息描述内容，维持612个职业信息描述内容基本不变，修订522个、取消552个（不含342个"其他"余类职业），新增347个职业信息描述内容。

第三，对职业信息描述项目的调整。为更好地反映我国企业人力资源管理实际，将1999年版"下列工种归入本职业"的表述调整为"本职业包含但不限于下列工种"，其含义有二：一是同时包括与对应职业名称重名的工种；二是对检验、试验、修理、包装、营销等因其工作性质相似、数量众多、无法穷尽的工种未予列举。

第四，增加绿色职业标识。借鉴发达国家经验，结合我国实际，对具有"环保、低碳、循环"特征的职业活动进行研究分析，将部分社会认知度较高、具有显著绿色特征的职业标示为绿色职业，旨在注重人类生产生活与生态环境的可持续发展，推动绿色职业发展，促进绿色就业。绿色职业活动主要包括：监测、保护与治理、美化生态环境，生产太阳能、风能、生物质能等新能源，提供大运量、高效率交通运力，回收与利用废弃物等领域的生产活动，以及与其相关的以科学研究、技术研发、设计规划等方式提供服务的社会活动。2015年版《中华人民共和国职业分类大典》共标示127个绿色职业，并统一以"绿色职业"的汉语拼音首字母"L"标识，如环境监测员、太阳能利用工、轮胎翻修工等职业。

2. 职业的类别变化

从具体修订的内容情况来看，2015年版《中华人民共和国职业分类大典》对1999年版中各类别的内容进行了修订。

（1）第一大类名称修订为"党的机关、国家机关、群众团体和社会组织、企事业单位负责人"，其职业分类修订参照我国政治制度与管理体制现状，对具有决策和管理权的社会职业依组织类型、职责范围的层次和业务相似性、工作的复杂程度和所承担的职责大小等进行划分与归类。修订后的第一大类包括6个中类、15个小类、23个职业。与1999年版相比，增加1个中类，减少1个小类、2个职业，并对部分类别名称和职业描述进行了调整。

（2）第二大类名称为"专业技术人员"，维持原大类名称不变，其职业分类修订除遵循职业分类一般原则和技术规范外，还着重考量职业的专业化、社会化和国际化水平。修订后的第二大类包括11个中类、120个小类、451个职业。与1999年版相比，减少3个中类，增加5个小类、72个职业。

（3）第三大类名称为"办事人员和有关人员"，维持原大类名称不变，其职业分类修订主要依据我国公共管理与社会组织中从业者的实际业态进行。修订后的第三大类强化其公共管理、企事业管理等领域的行政业务、行政事务属性，包括3个中类、9个小类、25个职业。与1999年版相比，减少1个中类、3个小类、20个职业。

（4）第四大类名称修订为"社会生产服务和生活服务人员"，其职业分类修订主要参照国民经济行业分类以及我国服务业发展现状，特别关注新兴服务业的社会职业发展，主要按照服务属性归并职业。修订后的第四大类包括15个中类、93个小类、278个职业。与1999年版相比，增加7个中类、50个小类、131个职业。

（5）第五大类名称修订为"农、林、牧、渔业生产及辅助人员"，其职业分类修订以农、林、牧、渔业生产环境、生产技术和产业结构的变化，现代农业生产领域中生产技术应用、生产分工与合作的现状为依据，参照国民经济行业分类进行。修订后的第五大类包括6个中类、24个小类、52个职业。与1999年版相比，中类维持不变，减少6个小类、69个职业。

（6）第六大类名称修订为"生产制造及有关人员"，其职业分类修订按照国民经济行业分类以及生产制造业发展业态，以工艺技术工具设备、主要原材料、产品用途和服务与技能等级水平相似性进行。修订后的第六大类包括32个中类、171个小类、650个职业。与1999年版相比，增加5个中类，减少24个小类、469个职业。

（7）第七大类和第八大类沿用1999年版《中华人民共和国职业分类大典》做法，维持原大类名称及内容表述不变。

从行业来看，《中华人民共和国职业分类大典》中有关第一产业的"农、林、牧、渔业生产及辅助人员"大类中，6个小类、69个职业不复存在；在涉及第二产业的"生产制造及有关人员"大类中，24个小类、469个职业得以缩减；而在隶属于第三产业的"专业技术人员"和"社会生产服务与生活服务人员"大类中，职业数量分别增加了72个和131个。

职业是发展变化的，随着社会的发展，呈现出职业的动态性、个人化、时代感等特征。生涯指导教师指导学生的生涯规划，使其了解职业的变化、职业对专业的要求、职业的内容和特点以及从事这份职业所应具备的能力要求等。

（二）中国职业分类大全（见表2-9）

表2-9 中国职业分类大全

职业类别	工种描述
第一大类：中国共产党中央委员会和地方各级党组织负责人。党的机关、国家机关、群众团体和社会组织、企事业单位负责人	国家权力机关（各级人民代表大会常务委员会）及其工作机构负责人，各级人民政协及其工作机构负责人，各级人民法院负责人，人民检察院负责人，各级国家行政机关及其工作机构负责人，其他国家机关及其工作机构负责人。 各民主党派负责人，工会各级组织负责人，中国共产主义青年团各级组织负责人，妇女联合会各级组织负责人，其他人民团体及其工作机构负责人，群众自治组织负责人，其他社会团体及其工作机构负责人。 高等学校校长，中等职业教育学校校长，中小学校长，其他教育教学单位负责人，卫生单位负责人，科研单位负责人，其他事业单位负责人。 企业董事，企业经理，企业职能部门经理或主管，其他企业负责人。

续　表

职业类别	工种描述
第二大类：专业技术人员	从事社会科学和自然科学研究工作的人员，包括小类：哲学研究人员，经济学研究人员，法学研究人员，社会学研究人员，教育科学研究人员，文学、艺术研究人员，图书馆学、情报学研究人员，历史学研究人员，管理科学研究人员，数学研究人员，物理学研究人员，化学研究人员，天文学研究人员，地球科学研究人员，生物科学研究人员，农业科学研究人员，医学研究人员，体育研究人员等。 从事矿物勘探和开采，产品开发、设计和制造，建筑、交通、通信及其他工程规划、设计、施工等的工程技术人员，包括小类：地质勘探工程技术人员，测绘工程技术人员，矿山工程技术人员，石油工程技术人员，冶金工程技术人员，化工工程技术人员，机械工程技术人员，兵器工程技术人员，航空工程技术人员，航天工程技术人员，电子工程技术人员，信息工程技术人员，计算机与应用工程技术人员，电气工程技术人员，电力工程技术人员，邮政工程技术人员，广播电影电视工程技术人员，交通工程技术人员，民用航空工程技术人员，铁路工程技术人员，建筑工程技术人员，建材工程技术人员，林业工程技术人员，水利工程技术人员，海洋工程技术人员，水产工程技术人员，纺织工程技术人员，食品工程技术人员，气象工程技术人员，地震工程技术人员，环境保护工程技术人员，安全工程技术人员，标准化、计量、质量工程技术人员，管理（工业）工程技术人员等。 从事土壤肥料、植物保护、作物遗传育种、栽培和畜牧、兽医等工作的农业技术人员，包括小类：土壤肥料技术人员，植物保护技术人员，园艺技术人员，作物遗传育种栽培技术人员，兽医兽药技术人员，畜牧与草业技术人员等。 从事飞机与船舶的加强、指挥、领航、通信和设备运行保障等工作的飞机和船舶技术人员，包括小类：飞行人员和领航人员，船舶指挥和引航人员等。从事医疗、预防、康复、保健以及相关工作的卫生专业技术人员，包括小类：西医医师，中医医师，中西医结合医师，民族医师，公共卫生医师，药剂人员，医疗技术人员，护理人员等。 从事经济计划、统计、财会、审计、国际商务等业务工作的经济专业人员，包括小类：经济计划人员，统计人员，会计人员，审计人员，国际商务人员等。

续 表

职业类别	工种描述
第二大类：专业技术人员	研究和设计金融市场中金融产品、管理和运营金融资产提供金融中介服务的金融业务人员，包括小类：银行业务人员，保险业务人员，证券业务人员等。 依法行使审判权、检察权以及从事律师、证、司法鉴定等工作的法律专业人员，包括小类：法官，检察官，律师，公证员，司法鉴定人员，书记员等。 从事各级各类教育教学工作的教学专业人员，包括小类：高等教育教师，中等职业教育教师，中学教师，小学教师，幼儿教师，特殊教育教师等。 从事文学艺术工作的专业人员，包括小类：文艺创作和理论人员，编导和音乐指挥人员，演员，乐器演奏员，电影电视制作及舞台专业人员，美术专业人员，工艺美术专业人员等。 从事竞技体育运动员的培养、竞赛结果的裁定和运动项目训练、比赛的专业人员与体育工作人员。 从事新闻采访报道、文图编辑校对、节目主持、播音和考古及文物保护等工作的新闻出版、文化工作专业人员，包括小类：记者，编辑，校对员，播音员及节目主持人，翻译，图书资料与档案业务人员，考古及文物保护专业人员等。 宗教职业者：专门从事佛教、道教、伊斯兰教、基督教等宗教活动的宗教职业者。
第三大类：办事人员和有关人员	从事行政业务、行政事务工作的行政办公人员，包括小类：行政业务人员，行政事务人员等。 从事维护国家安全和社会治安秩序，保护公共和个人财产，防火、灭火等项工作的安全保卫和消防人员，包括小类：人民警察，治安保卫人员，消防人员等。 从事邮政、电信及电信通信传输业务的人员，包括小类：邮政业务人员，电信业务人员，电信通信传输业务人员等。

续　表

职业类别	工种描述
第四大类：社会生产服务和生活服务人员	从事商品购、销及提供相关服务的购销人员，包括小类：营业人员，推销、展销人员，采购人员，拍卖、典当及租赁业务人员，废、旧物资回收利用人员，粮油管理人员，商品监督和市场管理人员等。 从事货物的储存、保管、养护和办理商品运输业务的仓储员，包括小类：保管人员，储运人员等。 在餐饮服务场所，为顾客提供餐饮服务的人员，包括小类：中餐烹饪人员，西餐烹饪人员，调酒和茶艺人员，营养配餐人员，餐厅服务人员等。 宾馆、饭店、旅游及健身娱乐场所服务人员，包括小类：饭店服务人员，旅游及公共游览场所服务人员，健身和娱乐场所服务人员等。 从事公路、道路、铁路、航空及水上运输服务的人员，包括小类：公路道路运输服务人员，铁路客货运输服务人员，航空运输服务人员，水上运输服务人员等。 从事医疗临床、药房、卫生保健的医疗卫生辅助服务人员。 从事中介等社会服务和物业管理等居民生活服务的人员，包括小类：社会中介服务人员，物业管理人员，供水、供热及生活燃料供应服务人员，美容美发人员，摄影服务人员，验光配镜人员，洗染织补人员，浴池服务人员，印章刻字人员，日用机电产品维修人员，办公设备维修人员，保育家庭服务人员，环境卫生人员，殡葬服务人员等。
第五大类：农、林、牧、渔业生产及辅助人员	从事大田作物、园艺作物、热带作物、中药材等种植、管理、收获、贮运和农副产品初加工的种植业生产人员，包括小类：大田作物生产人员，农业实验人员，园艺作物生产人员，热带作物生产人员，中药材生产人员，农副林特产品加工人员，其他种植业生产人员。 从事造林营林，森林资源管护，木材采伐、运输及辅助作业以及野生动植物保护等作业的人员，包括小类：营造林人员，森林资源管护人员，野生动植物保护及自然保护区人员，木材采运人员等林业生产及野生动植物保护人员。 从事家畜、家禽、蜜蜂和特种畜禽等的饲养、繁殖、疫病防治及初级产品采集、加工和牧草生产的畜牧业生产人员，包括小类：家畜饲养人员，家禽饲养人员，蜜蜂饲养人员，实验动物饲养人员，动物疫病防治人员，草业生产人员，其他畜牧业生产人员。

续 表

职业类别	工种描述
第五大类：农、林、牧、渔业生产及辅助人员	从事鱼、虾、蟹、贝、藻及其他水生物植物的繁殖、饲养栽培的渔业生产人员。 从事河道、水库、农田灌排等水利工程设施管理、养护的人员，包括小类：河道、水库营养人员，农田灌排工程建设管理维护人员，水土保持作业人员，水文勘测作业人员，其他水利设施管理养护人员。
第六大类：生产制造及有关人员	从事矿产勘查、开采，产品生产制造，工程施工和运输设备操作的人员及有关人员，包括下列中类：勘测及矿物开采人员，金属冶炼、轧制人员，化工产品生产人员，机械制造加工人员，机电产品装配人员，机械设备修理人员，电力设备安装、运行、检修及供电人员，电子元器件与设备制造、装配调试及维修人员，橡胶和塑料制品生产人员，纺织、针织、印染人员，裁剪缝纫和皮革、毛皮制品加工制作人员，粮油、食品、饮料生产加工及饲料生产加工人员，烟草及其制品加工人员，药品生产人员，木材加工、人造板生产及木材制品制作人员，制浆、造纸和纸制品生产加工人员，建筑材料生产加工人员，玻璃、陶瓷、搪瓷及其制品生产加工人员，广播影视制品制作、播放及文物保护作业人员，印刷人员，工艺、美术品制作人员，文化教育、体育用品制作人员，工程施工人员，运输设备操作人员及有关人员，环境监测与废物处理人员，检验、计量人员，其他生产运输设备操作人员及有关人员。
第七大类：	军人
第八大类：	不便分类的其他从业人员。

第三节 学生生涯辅导探索课程

生涯探索即知己知彼的过程，知己主要是对自我的职业兴趣、职业能力、职业价值观的探索；知彼是对社会职业的体验与探究。学生生涯辅导探索课程主要是以学生的自我探索和生涯实践体验为主，帮助学生全面了解自我，增进学生的生涯体验，促进学生的自主发展，服务学生的自主选择。本节内容主要介绍"自我探索"和"生涯体验"两部分课程内容。

一、自我探索篇

自我探索是生涯辅导的前提条件，只有充分了解自己、接纳自己，才会有能力去选择自己将来的道路。生涯辅导则是自我探索的一个心理成果的外在显示，它能够帮助学生更好地适应生活和社会，从而反过来推进个体的自我发展。

兴趣是职业活动的巨大动力，凡是令人有兴趣的职业，都可以提高人们工作的积极性，促使人们积极地、愉快地从事该职业。职业兴趣可以运用评估工具测量出来，如霍兰德职业兴趣测试量表、MBTI职业性格测试量表等。也可以通过体验探索活动来发现自己的职业兴趣，如协助学生从愿意做与人打交道的工作、愿意做与资料打交道的工作、愿意做与物打交道的工作、愿意从事抽象的和创造性的工作等方面帮助学生了解自己的职业兴趣。还可以从学科或专业方向相关的职业门类来探索职业兴趣。

职业对能力的需求是不尽相同的，帮助学生了解自己的能力特长，有助于学生在职业选择时扬长避短，获得职业成就。职业能力分为一般职业能力和特殊职业能力。一般职业能力是指与职业普遍有关的能力，一般包括智慧能力、言语能力、数理能力、空间判断能力、图形知觉能力、符号知觉能力、运动协调能力、手指灵活能力、手腕灵活能力。而特殊职业能力是指特定的职业所需要的能力，如音乐、美术等。职业价值观是指个人对职业的意义、作用效果和重要性的总体评价，是推动并指引个人职业选择的原则、标准。职业价值观通常都是与某种职业紧密相连的,并且职业价值观也可以作为在个体和工作之间进行匹配的基础。由于个人的身心条件、年龄阅历、教育状况、家庭影响、兴趣爱好等的不同,学生对各种职业有着不同的主观评价;社会上,人们对各种职业的评价也有高低之分。这些评价都影响着学生的职业价值观,影响着学生对就业方向和具体职业岗位的选择。

当个人的职业兴趣、职业能力以及认同的职业价值在一项职业里缺失时,就会出现职业错位的现象。职业的错位,会让工作本身变得乏味、单调、令人烦躁、缺少成就感。

生涯探索课程帮助学生探索和澄清自身的职业兴趣、职业能力倾向、职业价值倾向等,促使学生作出理性的职业选择。

二、大学探索篇

高中生对大学的认识比较模糊,对于大学的分析辨别能力也比较薄弱,了解大学的通道大部分来自家人、师长。走近大学,了解大学及大学的分类有助于高中生尽快明确自己的目标,知晓判断大学质量的资讯通道与方法有助于学生对目标大学进行客观分析,在对大学有一个整体且客观的认知基础上,可以适当做出前瞻性展望。

这个环节主要通过知识介绍帮助学生了解大学及其分类,通过活动分享了解大学和判断大学的质量,通过访谈了解大学的要求,并展望未来,做出生活及学习的安排。

同学们对大学充满着向往,每一个同学的心里或许都有一个属于自己的大学梦,神秘又充满着魅力。我们要如何在众多的大学中找到属于自己的成长"象牙塔"?带着这些梦想,让我们一起进入下面的学习,去确认、去寻找。

(一)选择大学的N个理由

在选择高校时,会有很多因素影响学生的选择,有的同学看重地理位置因素,有的同学看重师资力量,有的同学看重社会排名,有的同学看重就业机会⋯⋯学生可以把自己看重的因素勾选出来,并将最看重的 5 项因素排序,见表 2-10。

表2-10 选择大学的理由

请在你看重的因素前面打"√"			
□城市资源	□校区环境	□地理气候	□风俗习惯
□综合排名	□办学水平	□学科优势	□社会知名度
□校风校史	□师资力量	□硬件设施	□图书馆资源
□生源构成	□男女比例	□社团活动	□校友资源
□交流机会	□就业机会	□考研机会	□留学氛围

请将你最看重的5项因素进行排序：

1.　　　　2.　　　　3.　　　　4.　　　　5.

理由：

实际操作后我们可以发现每位同学在选择自己心仪大学的时候，考虑的因素各不相同，也发现一些因素是我们大部分同学都比较关心的。那么现在学生可以写下理想的大学，并考虑该大学是否符合上面所列的最看重的5项因素。学生需要综合考虑，列出自己所向往的大学，并分别列出三点理由，见表2-11。

表2-11　向往的大学

理想的大学	选择的理由
	1.
	2.
	3.
	1.
	2.
	3.
	1.
	2.
	3.

选择理想的大学要考虑相当多的因素，在这个过程中学生会不断明确自己最在意的内容，学会抓重点，重点关注自己最在意的因素，另一方面也不能忽视自己内在的主观因素，结合自己对客观因素的需求和自身的能力、兴趣，从而做出更符合自己发展需求的选择。

（二）大学的分类

连连看：高校——项目——类型

项目名称	大学名称	大学类型
"九校联盟"	清华大学	综合类
	北京大学	
	厦门大学	
"双一流"	复旦大学	工学类
	华东师范大学	

图 2-4　高校对应的项目、类型

了解高校的途径有很多，既可以通过网上搜索获得，也可以通过实地探访了解，还可以通过亲朋好友的描述了解，总之，通过不同途径去获得关于高校的信息也是我们应具备的能力之一（课件呈现获取高校信息的相关途径）。通过生涯学堂和生涯活动帮助学生了解大学的分类和获取大学信息的途径，见图2-4。教师在开展此环节的时候，应注意补充相关大学的信息，以直观的方式展现给同学。

（三）大学多元发展访谈

教师可以在课前让学生做《大学多元发展访谈表》，见表2-12，课堂上请学生们根据访谈表进行相应的情景剧表演，更直观地感受不同阶段的大学生在各个方面的发展。

表2-12 大学多元发展访谈表

	课程学习	人际关系（含个人情感）	身体健康	休闲生活	自我成长	社会实践（含兼职）	其他
大一							
大二							
大三							
大四							

通过采访学生可以大致了解了大一到大四不同阶段的学生自我发展目标的差异，从而形成对大学生活整体的感知，从这个感知出发去建构我们对未来大学生活的美好期待。该环节旨在通过对身边在读大学生的访谈了解不同阶段的大学生在不同方面的自我发展情况，让学生对大学生的生涯规划有

一个全面的印象。在课堂上通过情景剧的表演帮助学生深入了解大学生各方面的发展规划，课堂气氛也更活跃。实施该环节，教师需要提前布置访谈任务，然后在课堂通过活动交流分享。

三、生涯体验篇

在生涯实践体验活动中，学生通过广泛地参与、尝试、体验，发现与培养兴趣，开发潜能，了解大学和专业。学生通过对家长、亲戚、朋友等职场人士的访谈，了解职业和社会；通过社会调查、媒介宣传等途径收集和分析职业资料，增进对专业社会职业的认识。在此基础上，探索多种可能的职业选择，初步确定喜欢的职业，并对喜欢的职业作进一步的探究。

学生生涯实践体验活动内容丰富、形式多样，包括职业采访活动、生涯人物访谈活动、职业体验活动、角色体验活动、专业和大学考察活动、班级或社团生涯实践活动、社团探究活动、志愿者服务实践活动、综合素质评价社会实践活动、高校招生咨询实地考察活动、职业招聘实地考察等生涯体验活动。如家长可带领孩子参加每年各大学组织的大型招生介绍活动，亲临大学招生现场体验感受大学招生要求和大学专业设置、专业方向、专业发展、专业地位、就业前景等信息；或由班级组织学生到有代表性的大学进行考察活动，参观大学和了解各专业的学习情况。

通过生涯实践体验活动，帮助学生探索职业信息，了解职业世界，包括工作内容、工作环境状况、工作稳定性、工作时间、薪水福利、学习进修机会、晋升发展，以及该职业需要的教育程度、资格证书、经验、能力、人格特质、品格修养等，以服务学生的生涯发展规划。

在职业探索体验活动中，通过"职业访谈"的方法可以帮助学生多方面、多角度地了解和分析职业的多种特点。

（一）制定职业采访提纲

参考上述内容，制定"职业采访提纲"供学生参考。其主要采访内容包括与被采访人的关系、被采访人的职业、被采访人所学专业、被采访人当初选择该专业的想法、被采访人工作的具体内容和特点、从事这个职业应具备的能力、被采访人一天的工作情况以及采访感悟。

职业采访提纲

（1）采访人的基本信息（如姓名、性别、班级、学籍号）：

（2）与被采访人的关系：

（3）被采访人的职业：

（4）被采访人所学专业：

（5）被采访人当初选择该专业的想法：

（6）被采访人工作的具体内容和特点：

（7）被采访人认为从事这个职业应具备的能力：

（8）被采访人一天的工作情况：

（9）本次访谈带给采访人的启示和感悟：

（二）明确职业采访活动要求

（1）让学生清楚职业采访活动的意义。职业访谈是为高中生选择大学、专业以及将来从事职业的重要实践体验活动，能够增加学生生涯体验的机会，促进学生自主意识的提升和自主能力的培养，帮助学生了解职业的内容、特点及能力要求，提升学生的采访报道和编辑撰稿能力，同时可以进一步改善家庭亲子关系。

（2）学生采访自己感兴趣的一类或两类职业，可以采访父母或父母的同事，也可以采访亲戚、朋友。

（3）采访的方式包括访谈、录音、摄影、视频等。

（4）完成两篇职业采访 Word 报告；做一份职业采访 PPT，含有文字采访照片、采访视频。

（三）安排职业采访作品交流活动

（1）利用寒暑假组织学生进行"职业采访"活动。

（2）组织班级交流活动，从中挑选出有代表性的优秀采访作品进行年级展示与汇报。

（3）学校组织"职业采访报告会"，就学生的职业采访成果进行交流展示。并对班级优秀作品颁奖，鼓励学生关注与投入自我生涯的发展。

（四）制定职业采访班级展示活动方案

为了增进班级交流的效果，保证公平性，可制定"职业采访班级展示活动方案"，以规范操作过程。

（五）分享职业采访成果

"职业采访"是学生生涯实践体验的一种方式。同学们在假期积极投入到职业采访中，活动得到了家长的大力支持，出现了很多优秀的职业采访报告。为了丰富成果，很多同学还辅之以精心剪辑的视频。

在"职业采访实践体验活动"中，每个学生采访两种职业，全班同学采访的职业合计有几十种。以某班"职业采访"结果为例，全班学生采访的职业包括：银行职员、人力资源经理、会计、出纳员、外科医生、护士、中学教师、幼儿园教师、律师、导游、翻译、记者、销售经理、销售顾问、医疗销售员、机械工程师、结构工程师、软件工程师、纺织工程师、设备工程师、弱电系统工程师、生产工程师、IT 工程师、飞行器设计工程师、网店店主、制冷技术工、会务管理人员、酒店话务员、银行信贷员、造价师、空姐、牙科医生、农民、消防员、监控员、清洁工人、税法公务员、泵站管理员、设备维修师、心理咨询师等近 50 种。学校可把学生的职业采访成果汇编成册，让同学们的努力和对职业的探索留下成长的印迹。

也许一位同学眼中再熟悉不过的职业，对于其他人来说却是新鲜又陌生的，相互交流让学生发现不一样的职业世界，帮助学生了解更多的职业，使学生对生涯规划有更加具象化的了解，认识到志向、理想这些远大的人生目标最终都将化作职业与社会连接，激励学生规划自我成长，促进学生作出进一步的生涯选择。同时锻炼学生的能力，培养其社会责任感和职业道德意识。

第四节　学生生涯辅导规划课程

高中学生面临着学科选择、课程选择、专业选择、职业规划能力提升、素养培育等人生重大考验。尤其在高考改革背景下，学校教育在给了学生更多选择的同时，也增加了学生选择的难度。不少学生在选择时有很大的盲目性和随意性，不适宜的选择可能会造成对生命资源的浪费。传统的依赖父母和老师的习惯面临挑战，需要学校给予相应的引导、指导和帮助。

学生生涯辅导规划课程主要是运用各类资源开设不同职业领域的专题讲座或交流活动，拓展学生对专业选择、职业规划等内容的认知；引导学生在学习和选择的过程中自主选择、自我承担，提升适应能力，促进学生兴趣能力和专业职业的匹配，理性地选择大学及专业。

学生生涯辅导规划课程内容有：学习规划，学科选择，专业选择，职业规划；运作"学生生涯辅导信息平台"指导学生进行生涯规划，并为学生生涯发展规划提供具体的、个性化的建议与辅导。如指导学生对高中三年的学业学习进行具体规划；开展生涯探究活动，拓展学生对大学、专业的认识；开设不同行业、职业专业的专题探究与交流活动，增进学生对不同行业、职业、专业的了解。引导学生在客观分析自我，以及深入了解专业、职业、社会环境的基础上，明确发展目标，规划生涯发展。

一、学习辅导篇

当代认知心理学家指出：没有任何目标比"使学生成为独立的、自主的、高效的学习者"更为重要。学习是一个人终生都要面临的任务，引导学生审视自己的学习动机，把当前的学习行为与自己的理想和自我发展紧密联结以提升学习的自主性。开发学生的智力因素，注重意志品质、自我激励、自我控制、耐挫力等非智力因素的训练，在学习知识的过程中，发展学生的个性，开发学生的学习潜能。

对于高一学生而言，一开始就面临学习适应的问题，如新的环境、新的群体、新的学业任务、新的学习难度以及不可避免的学业压力等。如果学生自身的心理成长和目前具备的能力不能够应对、解决外部变化所产生的问题，不能够在变化的矛盾中找到平衡，那么学生就容易产生焦虑、烦恼和挫败感，容易产生"我是否仍然优秀"等想法，怀疑自己的学习能力，对自己的信心产生动摇，容易引发一些心理问题。高中生还有一个很大的困扰：面对繁重的学习任务和丰富多彩的闲暇生活，常顾此失彼。每每感到自己成天疲于奔命，而且说不准哪些事应该优先，就只好拣其中最紧迫的事情先干。其结果就是感到被动、烦躁和不满，心中时常充满着紧张和焦虑。

通过学习辅导引导学生确立明确的学习目标，掌握科学的学习方法，有效学习，提高学习效率，激发学习动机，培养学生的自我管理能力，使学生能够计划评价、监控自己的学业发展；能够调节自己的情绪，合理安排时间，提升自信。

二、职业选择篇

谈到为自己规划职业时，不少学生都没思考过这个问题，在高三填报志愿时才匆忙草率地作决定。至于自己选择的专业是否与自己的志趣吻合？毕业后可以做什么？对此专业的要求、课程内容、就业前景等都缺少比较清晰的了解。以至于进了大学后，才发现是人生灾难的开始。明智的职业选择依赖个人对自身的认识，也依赖个人对专业、职业、社会的认识。不然，就可能会导致在职业生涯中"搭错车"，造成生命资源的浪费。一般情况下，影响职业选择的因素有个人因素、社会需求、家庭期望三方面。

（一）个人因素

相对于其他因素而言，个人因素对自己选择什么样的职业有着决定性的影响。自己的理想、兴趣是什么？自己需要什么？自己的潜能如何？自己的人生发展目标是什么？这些都是我们要认真考虑的问题。

（二）社会需求

个人的择业选择受制于环境的影响。在选择职业的时候，有必要对目前的择业环境、社会需求有所了解，根据自己搜集的职业信息调整择业目标和心理期望。

(三)家庭期望

由于择业是人生中很重要的一件事情,因此对于子女选择什么样的工作,家族中的有关人员也会有自己的看法和考虑。这种考虑,可能与你所想的相吻合,也可能有冲突,因此个人应与家族中有关成员交换意见,争取得到他们的理解与支持。高中生要为大学的专业、以后从事的职业做准备。高中生的职业规划不仅仅局限在感性层面的体验,而且在已有的自我认知层面上以及社会接触过程中,他们开始有了更多的理性思考,并尝试性地选择未来职业,明确某种职业倾向,培养职业道德意识。

三、生涯规划篇

"如果你不知道你要到哪儿去,那通常你哪儿也去不了"。这句话道出了生涯规划的重要性。生涯规划既是一个实现终生目标的时间表,也是一个实现那些影响日常生活的无数小目标的时间表。高中生对于真实的职场充满好奇,憧憬着自己未来将要往哪里去。

生涯规划课程帮助学生在综合分析自我和外部环境的基础上,在认识大学专业、社会职业的基础上,全方位分析评估自我个性、学业成就、学习优势与问题、能力发展、家庭期望等因素,确定目标,自主决策与合理选择,实现志趣能力的协调统一。

家长、老师帮助孩子搜集、了解有关升学择业的信息并给出建议和指导,但到最后选择的时候,要尊重孩子的兴趣和特长,把决定权交给孩子,由孩子最后决定自己的选择,培养孩子"我的人生我做主、我的选择我负责"的担当意识和责任感。

(一)选科

1.学习兴趣是选科的关键要素

引导学生认真考虑自己最感兴趣的科目是什么,最想学什么,由此来确定选择的学科。高中生的兴趣可能还不太稳定,对自己的认识也还不成熟,教师和家长要引导他们弄清自己的真正兴趣是什么?并且要好好审视自己的"兴趣爱好"究竟有多大的"发展潜力"。

2.根据学习能力决定选择的学科

指导学生认真分析、整体把握自己的学科学习情况。思考：自己最擅长的学科是什么？看看每次大考中取胜的学科是什么？最不理想的学科是什么？这些都是选科的依据。

3.明确态度

指导学生综合考虑自己的学科学习基础、学习能力和学习兴趣，结合自己的个性、社会需求、招生、就业等问题作理性的决定。一旦决定了选择什么学科，就要心无旁骛、全力以赴地去投入。不要遇到一点变化或困难就想着"如果我换一门学科读，会不会不一样呢？是不是比现在顺利些？"要相信自己是综合多种因素后作出的理性选择的结果，所选择的学科是适合自己的学科。自己要做的是扎扎实实、脚踏实地地学好所选的科目。引导学生学会独立思考自己的问题，有勇气正视自己内心深处最真实的想法。

（二）大学专业选择和升学志愿填报

（1）在填报志愿前，首先要了解各类学校的专业分类，确定适合自己特点的专业类型。

（2）广泛收集学校和专业的信息，通过了解招生简章、招生通讯、学校介绍、参观学校、专家介绍等途径，尽可能准确地了解自己准备报考的学校和专业的情况，防止因缺乏了解而造成对专业的误解和偏见。

（3）检查自身生理状况，如是否近视、是否色盲、有无遗传病等，避免填报因自身疾病和生理缺陷而不能录取的专业。

（4）了解招生工作的政策和志愿填报的要求等，在志愿填写的细节上防止失误。

（5）依据学业成绩，充分了解所报学校专业的招生人数、限考条件、近三年的录取分数线等，确定自己的学业成绩情况处于哪一档次，可能进入哪类学校，防止志愿偏高或偏低。

（三）培养职业道德意识

职业道德是指一般道德在各种职业领域里的特殊表现，是调整职业活动中人与人关系的行为规范。尽管各行各业的职业道德不完全相同，但敬业、职业责任心、劳动纪律、人际关系等不仅是基本的要求，也是将来能有效地从事个人职业活动的重要保证。

一个人若是看不到未来，就掌握不住现在；一个人若是掌握不住现在，就看不到未来。生涯规划即是自己托付于这个目标的一种价值实现，为自己设下目标，从而带出希望和愿景，找到学习和生活的意义与价值。所有的行为亦将会凝聚在这个希望的周围，焕发生命的活力，拥抱人生的幸福。

第五节 学生生涯规划指导案例

《国家中长期教育改革和发展规划纲要（2010~2020）》明确提出："鼓励有条件的普通高中根据需要适当增加职业教育的教学内容。""采取多种方式，为在校生和未升学毕业生提供职业教育。"《中共中央关于全面深化改革若干重大问题的决定》提出："逐步推行普通高校基于统一高考和高中学业水平考试成绩的综合评价多元录取机制，探索全国统考减少科目、不分文理科、外语等科目社会化考试，一年多考。"

基于此大背景，各校开始了高中生生涯规划教育的探索、研究和实践，并取得了一定的成果。在课程的开设过程中，有效地帮助了学生客观地了解自己的梦想、性格、兴趣、能力、价值观等，帮助学生形成了积极的自我观念。系统地分析职业世界的各种信息和发展趋势，筛选出符合学生自己特性的最佳职业群，帮助学生探索出与自己喜爱的职业相关的专业、学科、大学，了解高中科目与大学专业的关系，增强学习动机，最后根据探索的结果，作出合理的生涯决策，制订具体的目标和计划，并根据情况的变化调整完善自己的生涯规划，效果很好。下面举些具体的实例：

一、案例一

连响（化名），1998年出生，2013年某中学实验班，2016年以优异成绩考入北京科技大学计算机科学与技术专业。连响以数理见长，性格活泼顽皮，个性突出。在老师们的激励和引导下，他经过3年的努力，成长为一个热爱科学的优秀学生。这背后有怎样的成长轨迹呢？现就将连响的高中成长历程以事例方式呈现给大家。

为了帮助学生实现由初中到高中的顺利过渡,学校提前在暑期里召集新生报到。连响高一的实验班班主任刚进教室,看到女生都很安静地在前排坐着,后方一群男生围了一圈开"碰头会",班主任就问:"同学们好,能否请后面的男生把你们手中的好东西和大家一起分享一下?"这时男生们都面面相觑,唯独有一名个子高高的男生突然站起来冒出一句:"报告老师,我们在创建新班级QQ群。"班主任就说,感谢咱们班的男子汉们,想得很周到,也需要这么一个班级群,那就辛苦你们了,不过,为了保证学习效果,开学后手机就不能再带到学校了,这也是校规。诚实、单纯、机智是连响给高一班主任的最初印象。

当时老师的处理方式既为他保留了脸面又婉转地提出了警告,无形中拉近了师生的距离。

开学后第一周是军训。连响个子高,人群中格外醒目,老师发现他做事很认真,无论是军训站军姿、走正步、喊口号,还是宿舍内务整理,他都做得很到位。每次老师在中午查宿舍,都惊讶地发现他们宿舍的卫生格外整洁,被子叠放得非常整齐,像豆腐块,物品摆放有序,地面一尘不染。老师就问:"咱们宿舍的地面卫生很棒啊,谁拖地拖得这么好?"有舍友回答道:"是连响。"老师立刻表扬了他。从此以后,老师发现连响的目光中多了一份尊敬和理解。

理解和尊重是师生相处之道,对于这种独生子女要努力引导他从小我走向大我,抓住闪光点及时表扬,肯定学生的爱心和能力。一个有能力爱集体的学生是不会太差的。

物理老师跟班主任反映了一个情况,谈及连响是物理迷,也是分数迷。每次考试,连响都提前交卷,以便让老师提前批改,考得好就喜形于色,考得一般就垂头丧气。上课时他不断地提问题,经常打断老师的思路。一次,连响因为在宿舍违纪被学生处记录下来,给班级扣了4分。经了解,午休时候他正在拿螺丝刀拆卸物理教学器具安培表时被值班的张老师发现,张老师在了解情况后,耐心说服教育他,首先肯定他爱学习、爱钻研、爱动手实践的优点,鼓励他继续发挥潜能。但同时表示午休时间是为了保证同学的学习效率,在午休时间拆卸重组物理实验仪器,虽然精神可嘉,但有可能会损坏学校的教学用具。在张老师的耐心说服下,连响很快认识到自己的问题,由开始进办公室时昂着倔强的头到满心愧疚地和老师真诚地说了声："老师,我错了。"张老师适时指出："有兴趣就要发展它,能够做大做强是最好的。老师和学校都是你成长的坚强后盾,不过这次器材需要你承担责任,跟任课老师讲明情况,马上就要期末考试了,等考完试再来领取。"从此连响再也没有宿舍违纪的问题。

张老师尊重学生的兴趣爱好,在学生犯错之后适时引导,张老师能用全面发展的眼光看问题,既能够让他及时认识错误,又激励和鼓舞他继续发展自己的兴趣爱好。

连响以数理见长,但偏科严重。高中第一学期期中考试,他的数理化成绩在全市排在前 100 名,但其他学科则在 1000 名左右。办公室老师一说到连响,往往是"作文又没写""英语作业没交""地理不及格""政治提问不会答"……数理化的英雄瞬间变狗熊。班主任认为需要和连响进行一轮真正交心的谈话。连响在英语课上拿着圆规尺子做物理练习册被班主任发现,在课间操班主任和他谈话时,连响认识到自己的错误,当时他涨红了脸,班主任说："小伙子做了一节课的物理题了,累不累?"连响先是一只手挠着头,然后马上头摇得像拨浪鼓,说："不累不累。""那你说老师讲了一节课累不累?"他说,"老师,我知道错在哪里了,我偏科太严重,上课不认真。"班主任说:"连响,爱好也是一把双刃剑,老师怕你以牺牲其他学科做代价啊!作为你的老师,希望你能够吸收全方位的知识,特别是提高自身的人文素养。"连响若有所思地点点头。

情感教育,尤其是换位思考是教育学生认识和改正错误回归正途的重要方式。

对于连响这种近乎偏执的数理化优生来说,单凭一次的说服教育效果甚微,需要寻找时机继续巩固战果。学校开展了学生多元发展课,办了 20 多个社团和兴趣小组。连响报了数学和物理两个兴趣小组。每次只要有活动,连响一定是冲在最前面的学生。一天班主任正在办公室,连响气喘吁吁从教学楼走廊的尽头跑了过来,说:"老师,我要请假一节课去上物理兴趣课。"班主任问下节课是什么课?连响马上就说,"老师,是艺术课,不重要。"一边说,一边抱着书包很快就消失在走廊的尽头了。在课后班主任和他进行谈心,谈起了我国的物理泰斗钱学森,说钱学森作为中国航天事业的先行人,他不仅是我国科学界的旗帜，还是民族的脊梁。钱学森的求学生涯中，受父亲影响至深，一方面学好理工，走技术强国的路；另一方面他父亲又送他学音乐、绘画等艺术课，他的音乐家妻子也给了他很多艺术熏陶，丰富了他的人文素养。文理艺术都能兼容的人才会走得更远。

班主任接着问连响的梦想，希望他能在主题班会课上发言。"我的花季在路上"班会课上，连响果然不负众望，以自制小视频的方式向同学们展示了自己周末全力以赴攻克数学难题的一天。视频中有自己动手绘制的漫画，穿插着自己剪辑的流行歌曲，视频的最后是自己理想中的大学和专业展示，非常有创意，博得了在场师生的一致好评。

学生有问题要巧妙解决，以梦想来激励学生，用任务来激发学生的创造力，使其获得成就感，有助于学生的成长。

针对连响和班内部分学生偏科严重的情况，班主任设计了新的"比学赶帮超"小组动态班级管理方案，对小组卫生、学习和纪律实行捆绑式评价方法，每人次计5分，教室里划分九大区域，每半个月按照累计情况安排小组座次。计分排名靠前的小组长有权自主选择教室座位和安排组内座位。小组竞争激发了学生的动力和积极性，前面和中间的位置成为他们首先瞄准的战略要地，后排的小组则总是想尽快改变不利的局面，连响很快由一个上其他课都会走神和偷偷做物理数学题的偏科大王逐步变成了专心听讲、抢答问题并获得奖励的全面发展型学生。

小组评价不仅帮助了连响解决了偏科问题，也激发了他的想象力和创造力。一次，学校举行中学生创意科技大赛，要求每班征集作品，并写出基本原理。在动态小组竞争方案的激励下，同学们跃跃欲试，利用课间和周末动脑动手，班里同学交上31件设计方案，当时全校也总共不过35件。连响谈及了他的新型创意眼镜，其基本原理是利用搜索地图再加上微型摄像机安装在特殊材料制成的眼镜上，能够迅速处理外界信息，广泛用于各领域。班主任说："虽然我不是很懂，但我感觉连响的创意确实新颖，现在我更希望大家对科技保持自己的好奇心，从现在开始努力积蓄力量，以待时机，也祝愿连响将来能够如愿以偿，做自己心目中敬仰的科技精英！"连响此后的学习劲头更足了。经过他的不懈努力，在文理科分班后集中补上了薄弱学科，成绩稳步上升。

学生是有待开发的宝藏，只要肯用心，就可以将其梦想转化为持续不竭的学习动力，只有把梦想、执行力、理想大学和职业规划有机结合起来，春风化雨般融入学生的高中学习生活中，才能为高校、为社会输送合格的优秀人才，为学生个人成长、民族振兴作出贡献。

后来连响在高二、高三老师的继续辛勤培养下，终于喜得所愿，不仅获得了山东省物理奥赛一等奖，还考入了自己梦想的学校和专业。

二、案例二

吕佳（化名），某中学高一年级学生，她是极具绘画天赋的女孩，她喜欢文学和绘画，在平时的学习中尤其擅长语言方面的学科，而且这些学科成绩也不错，但是物理、化学等学科学起来就相对吃力一些。在要做出六选三时她坚定地告诉我，她要学美术，以后想要学服装设计专业。她作出该选择的原因有两个：一是符合自己的兴趣爱好，能够继续绘画；二是她认为这个专业比较有前景，有一定的发展空间。但是家里不同意，双方闹得非常凶，所以她很长一段时间都不开心。她表现得很痛苦，甚至严重影响了听课效果，学习状态非常差，于是她找到了班主任，问怎样才能作出抉择。

同时，她的父母也着急上火，经常打电话、发微信来与班主任联系，想要帮助孩子尽快地解决问题。作为孩子的班主任，对于该生的发展状况是有一定的了解的，该同学的家庭经济条件不是很好，而且母亲面部有一定的残疾，这对孩子的身心发展影响很大。孩子特别自卑，最害怕的就是父母在别人面前拿她与别的孩子进行比较，这件事闹得沸沸扬扬，这也是影响她学习的一个比较重要的因素。在班主任第一次找该同学分析生涯规划的时候就对她说："高中阶段是你们人生价值观形成的关键时期，你的理想专业——服装设计是一个相对来说比较时尚和前卫的工作。我相信你并不是盲目选择该专业的，你肯定也是查找了一些相关资料，首先也为你的前期准备工作点赞。"先鼓励一下孩子的努力，然后让孩子自己分析一下她从事该职业的一些优势和劣势，以让孩子客观地了解自己的优缺点。

随后，班主任就利用在发展课上所学的霍兰德职业兴趣自测（Self-Directed Search）的测评工具，为孩子做了全面客观的测评，并结合她的实际发展状况、家庭特点、性格特点和我的了解等，帮助孩子作出了探索的结果和合理的生涯决策，制订了具体的目标和规划，而且也根据一些具体的变化作出了相应的调整。

霍兰德职业兴趣测评六个维度显示吕佳的结果为 RAC 型，即偏向于实际型、常规型和艺术型的特质。根据班主任接近一年的观察和分析，她的倾向选择与自我兴趣类型匹配的职业为教师，而且她本人对于教师这个职业也是比较喜欢的。在确定自己的生涯规划之后，她本人也是相当满意，家长也很认可。一方面可以满足孩子的兴趣爱好，满足她的个性发展需求；另一方面父母也希望孩子不要走远，毕竟学艺术对于这个家庭来讲负担不起。孩子毕业之后也能够帮衬一下这个相对薄弱的家庭，这很好地找到了双方的契合点，孩子目前的发展势头非常好，动力十足。

通过这个案例，我们可以得到启示：适合自己的才是最好的，才能够最大限度地激发学生的个性需求和发展要求。影响学生发展生涯规划的因素是多方面的，我们既要依据学生的个人兴趣，也要参照社会的职业需求及获得职业的现实可能性。因此，我们在做职业生涯规划时，既要追求相对客观的态度，还要采用一定的技术手段作为参考和辅助，以最大限度地引导学生选取与自我兴趣相同的生涯规划。这不仅是对我们工作的考验，也是一种很大的鼓励。

第三章　高中生涯发展教育服务体系的建构

高中生涯服务体系是指围绕着高中生对于生涯的认知、学习、体验等方面的服务体系，通过相关生涯课程的讲授、相关职业的体验以及师生间的沟通，高中生能够对未来发展有更明晰的认识，根据这一目标，明确各个教学阶段的任务要求、搭建咨询平台并将生涯发展理念融入各个学科中去，在本章里对这几个发展方向进行深入探讨，不难看出，建构一个成熟的高中生涯发展服务体系是十分必要的。

第一节　高中生涯发展教育的阶段与任务

学习发展的历程是一个人逐步完善，成长为一个独立的个体，融入社会的必经之路。高中生涯在生涯发展历程中尤为重要，起着承上启下的作用。随着我国教育的发展，已经逐步形成了丰富的高中阶段的教育形式，如普通高中、职业高中、艺术体育学校、培训机构以及其他同等效果的高中类别。经过三年左右的生涯探索，其主要包括个人自我探索、校园生活适应、职场的涉猎，让高中生体会到多元的生涯经历，初步感知自己未来的组成因素在多元的生涯探索中，高中生的生涯意识得到唤醒，进而对内主动探索自己，对外主动感知周围环境，建立自己与周围环境之间的有效联系。随着心智的成熟、知识的丰富以及能力的提升，学生通过对未来职业的分析和评价，逐步建立并完善自我管理的能力，综合内外多方面的信息，结合自身的实际情况做出了决策，进入符合自己成长需要的不同类型的大学学习，并根据大学的发展要求，完成相关的学习和训练，最终实现更高层次的学业发展或者职业发展，从而逐步完成并实现自己的生涯规划。高中生涯探索发展历程如图3-1所示。

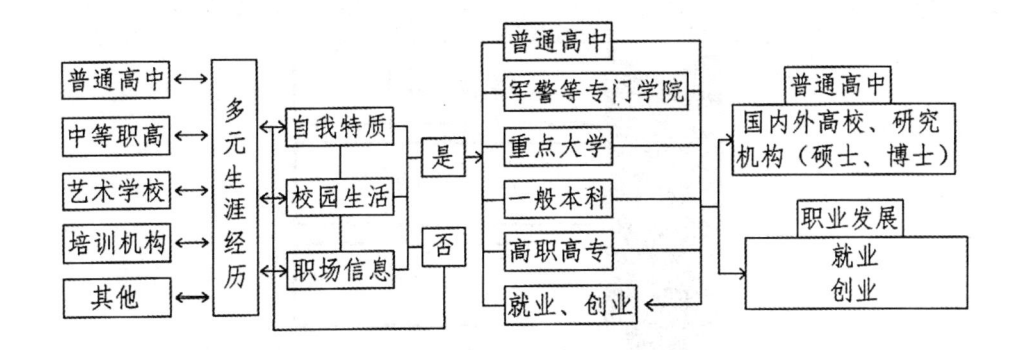

图 3-1 高中生涯探索发展历程

一、高中生涯发展教育阶段

高中生涯发展根据学生的实际情况以及环境的变化而不断发展。学生自身的发展主要表现为从懵懂到成熟，涉及的环境从单一到多元，逐步地由简单到复杂。他们由感性到理性，以阶段性的递进展现，每一个阶段的任务不同，因此将任务细分到不同的专题内容，使之以具体的能力要求来实施，这个过程形成了非常准确的学生生涯探索发展路径，让学生明确需要把握的重点任务以及自己将要实现的目标。根据高中生生涯的特点，将高中生涯探索教育分为三个阶段：生涯唤醒、生涯探索、生涯选择。见图 3-2。生涯唤醒重在觉察和认知，主要是通过课程或者活动带领高中生进行内部分析觉察自己，同时了解高中学习特点和校园环境来认知外部世界；生涯探索重在教育与分析，通过一系列的课程教育与实践活动，教会学生生涯探索的基本能力，学会分析自己和环境；生涯选择重在管理与决策，在反复的实践和不断的探索中，高中生懂得了学业管理、时间管理、人际交往等基本技能，结合自己的特点、环境的支持以及未来的愿景，做出自己的生涯选择。

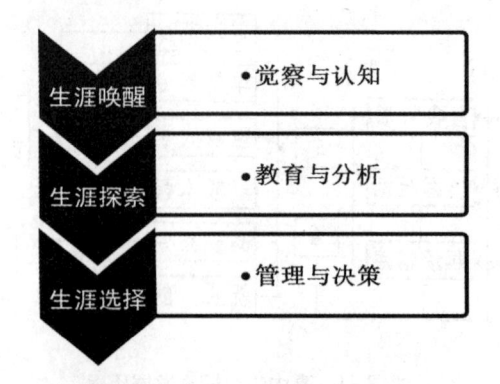

```
生涯唤醒 → 觉察与认知
生涯探索 → 教育与分析
生涯选择 → 管理与决策
```

图 3-2　高中生涯教育探索发展的阶段

各专题课程内容的组织及实施主要依据职业生涯规划的基本目的、学生在高考改革背景下的特殊需求、生涯发展理论以及国内外经验展开，具体的形式主要有生涯活动、生涯发展教学、生涯咨询等。高中阶段学生的学习和升学的压力比较沉重，在设计生涯规划课程时要兼顾学生的实际情况和接受程度，做好学习任务的设定和课时的分配，避免喧宾夺主，占据高中生过多的学习和课余时间，增加其额外的负担，引起老师和学生的抵触情绪，带来负面影响。高一、高二学生的学习任务相对较轻，生涯探索课程可以密集一些，每学年安排 30 节生涯教育课程，大约每周一节；高三学生则可适当减少，每学年安排 15 节课程，大约两周一节课程。

（一）阶段一：生涯唤醒

生涯唤醒阶段的重点是建立高中学生自我、专业及职业方面的初步认知，激发学生的生涯规划意识，开启学生的生涯规划道路，如可以用课堂教学、自我测评、讲座和主题班会分享、网络自学等形式展开。其中课堂教学主要是有关生涯规划方面的基础知识以及与专业和职业有关的信息。

课堂教学是学校教育的主要形式，也是教育的主要载体，但是生涯规划课程不是以知识传授为主的，可以有别于学科教学课堂，创新一些学生易于接受的形式和内容。按照课堂教学的要求，除了明确教学目标以及精心组织教学以外，教材是体现教育目标的重要载体。目前可选用部分高中成熟的、专业性较强的生涯规划教材或根据自己学校的特色自编校本教材，如威海一中组建了高中生涯规划课程研究团队,研究探索生涯规划教育校本课程,编写了《高中生涯发展规划》校本课程,引进专业的生涯测评计算机辅助系统,2016年开始在三个年级开设"聆听未来足音""自我探究""职业认知""大学专业全解析""生涯决策"等10个模块的生涯规划课程,科学指导学生全面了解自我、系统认识专业与职业、学会探索式学习和自主选择,科学规划自己的学业和职业;杭州十四中引进了哈佛心理教材,学校主要加强学生对自我兴趣、性格特点及能力倾向等的认知,同时教材内容还包括对大学各专业的分类、发展方向等情况的详细介绍,并开发了《生涯规划研究手册》校本系列教材,教材中涵盖了大量认知和选择的过程。

自我测评主要是针对高中学生的兴趣、性格、能力以及价值观,借助心理学科学习的量表、测量系统,结合SWOT职业分析、职业生涯相关理论,经过本土化的改良,逐步形成时效性很强的,受到高中老师、家长和学生一致认同的测评系统。浙江杭州高级中学和浙江嘉善高级中学,分别引进了霍兰德职业兴趣倾向测试和CareerSky(职场天空职业测评系统)高中生涯发展教育系统,通过这些系统对每一位学生进行兴趣、性格、能力、价值观和学科兴趣等方面的测试。从2016年开始,高校、高中和企业联合研发集成的系统逐步成熟并投入使用,2016年9月,"好专业升学规划研究院"联合浙江大学开发研制了国内首套指导高中生职业和专业选择的高中生生涯规划测评系统,该套系统包括《中学生MBTI职业性格问卷》《中学生霍兰德职业兴趣问卷》和《中学生学科兴趣问卷》三个测试工具,且主要以学科、专业、未来职业选择等核心影响因素为研究对象,从科学的角度指导学生的高考选考科目、大学专业以及将来的职业选择。

2017年南京师范大学顾雪英教授牵头研发了生涯发展的在线测评软件,通过中国心理学会评定,目前已在南京、无锡、徐州等20多所大学和中学使用。其研发的"高中生涯规划课程",首批落地南京5所中学。南京市第九中学对全体高一学生都进行了生涯测评,老师们在经过培训以后,专门开设了生涯规划的课程,学生在学习后对科目的选择、职业的选择都更加清晰和明确。

专题讲座和主题班会是通过构建一系列以学业、专业、职业、生涯规划为主题的班会或讲座,邀请社会贤达、优秀校友、杰出家长进行职业经验分享，以激发学生的规划意识，同时在班级内开展小组讨论，分享交流规划的学习心得。特别是随着家校合作教育模式的发展越来越快、越来越好、越来越完善，中小学纷纷成立了相关的组织和机构，推进优秀家长参与到学生的学业规划、职业探索和生涯决策中来。

  自学是指学生广泛地使用网络资源，借助网络媒体平台，通过在线收看慕课、大学专业课程概况，并通过自我分析能更好地将学业、职业生涯目标与个人兴趣结合，建立初步的学业选择意愿，使学科专业选择更具针对性和适切性。在认知自我、专业和职业的基础上，职业生涯认知与规划课程还应契合规划的主题，让学生动手亲自制定生涯规划发展方案，对自己的学业进行初步的蓝图规划，学会制作"生涯发展计划书"，规划好自我的学业和职业生涯。培养自我认知能力、规划能力、选择与辨别能力、信息收集与处理能力，为将来的学业、职业及人生发展奠定坚实的能力基础。生涯唤醒阶段如表3-1所示。

表3-1　生涯唤醒阶段

阶段	内容能力	重点任务	开设年级	课程（活动）群
生涯唤醒	觉察（认知能力、信息收集与处理能力）	认知自我：了解自我的兴趣、性格、能力与价值观，客观认识自己的优势和劣势，全面剖析自我，悦纳自己。明确定位我是谁？去哪里？什么时候去？怎么去？学会使用测试软件测量分析，正确认识测评结果，建立自己的可持续发展概念。	高一 高二 高三	《发展生涯的历史》《高中生职业生涯规划》《高中生心理健康》《性格与专业学习的关系》《专业与职业的关系》《大学专业总览》《与本地的历史名人对话》《种一颗家庭职业树》
		认知专业：了解高中学习特点、科目设置和学科类别，包括科目与专业选择、专业与大学院校、专业与职业发展的联系；掌握评价专业的标准，为高中阶段选考科目的合理选择做铺垫。		

续　表

阶段	内容能力	重点任务	开设年级	课程（活动）群
生涯唤醒	认知（规划能力、辨别能力、自我判断力、学习管理能力）	认知职业：了解职业基础知识；传统职业和新型职业、职业对人才的能力与素质要求、职业的发展规律等；引导学生树立初步的职业志向，掌握SWOT等职业分析法。	高一高二高三	
		学习指导与规划：指导学生寻找并掌握适合的学习方法与技巧，构建和完善自己的高效学习方法，学会建立自我的生涯成长记录档案。		
		学业与职业初步规划：明确学业和职业之间的关系，建立课程学习、人生发展及职业规划的逻辑联系；能根据自己的兴趣特长发展学科学习能力；依据自我与专业的匹配度初步确定高中的选考科目；初步拟订三年课程学习计划，制定阶段性的学习目标和长远的能力发展目标；制作个人"生涯规划发展计划书"。		

（二）阶段二：*生涯探索*

生涯探索是指个体在探索动机推动下，对自我和生涯发展相关的环境进行探索，形成一定技能、获得相应的认知和情感反馈的过程，其最终目的在于自我的发展和整合[①]。在探索阶段，高中学生个体开始更多地了解自我，做出生涯决策，为就业做出各种准备。生涯探索是高中学生生涯规划的

---

① 曲可佳,邹泓.大学生职业生涯探索的发展过程及影响因素——基于扎根理论的研究[J].大学生心理健康,2013(1)：114-124.

前提和基础。生涯探索包含学生对自身兴趣、性格、技能、价值观等方面的探索，以及对行业、职业、人际关系等的探索。生涯探索对学业规划有基础性的作用和意义。高中生制定生涯规划时应当有清晰的科学规划，就自身的兴趣、性格、职业技能、价值观等进行全面的生涯探索。正确的职业选择应当是个人结合自身特点、能力状况与现实环境的需要高度的统一，也就是既要适应政治、经济、文化和社会的需要，又要同时兼顾自身的发展需要。因此，高中生有针对性地自我探索，充分觉察自我，认识客观环境，科学树立目标，认识自己的优势和劣势，有助于大学生在适应社会需要的前提下充分自由地成长和创造性发展。生涯探索有助于高中生的社会化，准确地确定自己的生涯角色。从高中阶段开始，学生逐步进入社会成为社会人，这是一个循序渐进的长期过程，需要不断地接触、试探、质疑和确认。高中生要正确地做出生涯选择，就必须有正确的认知，正确的判断，根据环境的变化适时转换角色。因此，要进行正确的自我觉察和探索，调整自己的心态和行为，认识、了解和融入社会，以自身能力适应社会发展和需要，在选择职业的同时也接受社会的选择。生涯探索有助于高中生形成合理的职业期待。每个高中生在生涯期待中都渴望实现自我人生价值，获得一份能更好地满足自身物质需求及精神需求的职业。但是这种职业期待要变成现实，受到主客观条件的综合制约。一个人的职业目标能否实现，除了取决于个人能力素质、专业、社会需要、机遇等条件外，还取决于自身与职业之间的匹配度，二者的结合程度越高，自我实现程度也就越高。所以生涯探索就是高中生结合自身条件和社会需求，确定职业目标后，不断调整完善的过程，其实质就是动态地不断发展完善的过程。高中生生涯探索阶段很重要，要贯穿于整个高中生涯，其主要通过课堂讲授、专题报告、主题活动、实践操作、融入体验等形式来实现。

在生涯探索过程中，首先要借助专业生涯规划教育平台的测试工具，引导学生进行生涯状态测试，并根据测评报告，科学地分析、指导学生更好地开展学业生涯规划。课程的学习主要是解决高中生生涯知识讲授，生涯探索更好的方式是让学生进行具体实践，以更加直观的方式了解职业和社会，促进对学业的设计规划。生涯探索是为了使学生更好地认识目前职业的发展需求，建立对职业环境的直观性认知，帮助学生检验并重构职业和专业学习认知是否匹配，同时在实践体验活动中提高学生的知识、能力和素质，了解某个具体职业的工作流程和规范，建立知识学习与职业之间的良性联系，达到增强学习动力和提升学习效果的目的。上海师大附中的学生在高二结束时开展了初步的职业体验，学生根据自身在观念、知识、心理素质与能力等方面与自己理想职业目标要求的差距来制订计划，明确自己在高考志愿填报中如何选择专业及院校。生涯探索综合融入一方面是在学校的指导下利用计算机网络系统学习网上选修课程及大学选修课程，同时弥补高中课程在一些领域的缺憾，满足学生的特长及个性化发展需要，激发学习潜能。如浙江省已开发出学术类、职业技能类、生活类和综合实践类四类选修课程，学校可利用这一发展契机，整合各类选修课程发展生涯教育，实现生涯教育课程的渗透性教学。浙江大学率先与知名中学合作，推出先行选修课，承认中学按照其要求完成的选修课学分，用以冲抵学生在大学期间的选修课。另一方面是基于学校特色课程的构想，将特色课程与生涯探索课程有机融合，充分利用已有的课程和校内外师资开展生涯探索教育。如上海莘庄中学将校本化的DIY课程体验教育理念渗透到生涯探索教育中，将DIY特色课程与心理健康以及生涯发展教育有序联系起来教学。浙江海宁市高级中学编写了《高中生职业生涯规划》课程纲要，并开发了一系列的职业课程。通过开展生涯的综合体验活动，增加学生真实体验的经验，增进其自我认知，以更好地展现知识的立体性和实用性价值，在体验与感悟中解决选课选考问题。如上海交大附中、上海市第八中学推出了六门等级考试科目的体验课，让学生提前了解等级考试内容及考试方式，尽早建立对学科的初步认识；又如上海中学在原有科技班基础上增设工程班，主要为学生提供工程、环境、能源、通信、海洋等五大领域课题研究方向，通过对相关小型课题研究，实验的设计和操作，模拟相对真实的环境参与等方式，激发学生对学科、对职业的认同感。上海交通大学在鄞州中学成立拔尖创新人才培养基地，定期为拔尖学生的学习和研究进行指导，"创新人才培养基地实验班"的学生可以提前学习上海交大在该校开设的大学预修课程，提前进行"大学生的体验"。

在生涯探索过程中，学校可以围绕生涯发展主题开展职业规划模拟大赛、模拟面试、生涯人物访谈、寒暑假挂职锻炼等。如上戏附中开展生涯体验日活动，学生选最感兴趣的职业，邀请该领域的杰出代表担任生涯导航师，通过微讲座、微面试、微分享、微座谈的形式，畅谈同学们最感兴趣的职业；杭州绿城育华学校开展了主题为"职业体验与考察"的职业体验实践课程，其中包括汽修、医生、厨师、互联网等行业。另外生涯社团活动也是一种非常有效的生涯探索载体，如杭州师范大学附属中学通过学校生涯社团开展全校性的生涯活动，搭建学校职业生涯规划教育的校园文化课程平台，让学生在社团活动中找到自我、提高规划能力。生涯探索阶段如表 3-2 所示。

表3-2　生涯探索阶段

阶段	内容能力	重点任务	开设年级	课程（活动）群
生涯探索	教育（信息处理能力、决策能力、管理能力）	学业规划指导：在重点认知学科、专业及各类综合融入课程的基础上，引导学生探索出与自己兴趣、性格相匹配的学科和专业，调整自我"生涯发展路线图"和"生涯规划书"，进一步确定选考科目的组合方式，做好选课选考时间规划。	高一 高二 高三	《生涯规划与发展的管理》《专业实践理论与操作》《社会人际关系学》《创造力和创新思维的培养》《行业观摩与学习》《职业体验日》《职业双面胶》《在校大学生访谈》
		职业规划指导：借用职业选择理论，对知识内容与职业信息，个人特质与社会环境之间的关系进行匹配度的评测，重点对个人的人生生涯发展进行指导；培养学生关注、了解、收集社会职业发展相关信息的能力，通过科学分析自我、职业及环境，调整和规划将来大学的专业与人生的职业生涯。		

续 表

阶段	内容能力	重点任务	开设年级	课程（活动）群
生涯探索	分析（信息处理能力、决策能力、管理能力）	职业探索：了解有关基本职业的划分，进一步分析各职业所需的共同知识技能；使学生熟悉掌握并能运用SWOT职业分析等相关知识，结合学科实践探索当前的职业发展趋势、职业需求等，为选课、学业及职业规划做好铺垫工作。	高一高二	
		职业体验：组织学生参加见习、实习、社会实践等职业体验活动，撰写职业体验报告；逐步建立学科学习、专业和职业选择间的联系，对将来特定的专业进行深入学习或对将来要从事的职业进行选择。	高一高二	
	融入体验（选择决策能力、思维拓展能力、创新能力、综合分析能力）	学科专业探究学习：基于课表规定选修课程、校本课程和大学选修课程，将生涯发展教育融入学科课程之中，通过对课程的学习与体验，探索发现兴趣点，激活自我意识与发展潜能，拓展并逐步确定生涯发展的空间。		
		综合生涯体验：以生涯发展为导向，以学业规划为重点，借助实践探索与体验，将学科专业理论知识与实践相结合，探索自我的学科发展；综合评价生理和心理特征，将个人兴趣愿景、专业与实际工作活动相联系，判断适合自己的职业，探索最适合自我发展的专业及职业方向。	高一高二	

（三）阶段三：生涯选择

生涯选择指生涯管理和决策，是高中阶段学生生涯教育的主线，是与生涯认知、生涯探索密切联系的关键环节，是集中体现学生生涯能力的部分，对学生的生涯规划发展至关重要。达成生涯目标必须有具体行动才能实现，学生生涯管理和决策的能力直接关系到其生涯发展的达成度。学校在高中生生涯辅导中既要帮助高中生树立远大的、切合实际的生涯发展目标，又要让他们能够结合目标制订合理可行的计划和选择有效的途径。具体来说，生涯教育教师需要结合高中的发展任务制定各年级阶段性培养目标，设定目标完成时间，引导学生提升各项能力，循序渐进地推动生涯发展。生涯管理与决策教育主要通过课堂教学和学生自我实践的形式展开，课堂主要是介绍一些管理和决策的基础知识、技巧和能力，而这些能力又主要通过学生的具体实践来进行提升和检验。

生涯管理能力是学生在高中阶段以及整个生涯历程中重点发展的一项能力，如学生在不同阶段使用的学习方法确立的学习目标、进行的学习安排等都需要进行动态监控、管理，不断地优化升级，以达到最佳的匹配。由于每个人的兴趣、性格、能力和价值观具有独特性，所以个人生涯的管理也是各具特色的。学校的主要职责是帮助学生发展生涯管理能力，如告知学生生涯管理的具体内容是什么，涉及哪些方面，教会他们学习时间管理、人际关系管理、学业管理，最终落实到学生制作个人生涯规划书上，而且能根据生涯的发展进行调整、完善和升级。

在学生生涯管理中，应重点做好学业管理。教师应结合不同学科的特点做好学生学业规划指导，帮助学生掌握学习方法与技巧。此外，教师还要加强学生对时间管理的指导，引导学生克服学习规划不明确而导致的学习倦怠与拖延，学会高效利用时间；同时保持自信和正常的心态处理与老师的关系，与同学的关系，与社会的关系，增强职业信息搜集能力，养成健康的生活方式，保持对职业、社会等外部环境的好奇和关注。学生决策是以这些能力的发展为前提的，学生个体应结合自身所处的环境，针对各阶段的特点而做出合理选择。

一方面，全面普及大学以及大学入学通道，针对高三年级的学生，学校要组织专业老师或者高校专家介绍不同类型的高校及招生政策与要求，解剖大学专业的要求、课程学习内容以及人才培养方向，分析当今各行各业的发展前景；对有出国留学需要的学生进行相关知识的普及和能力的训练。同时调动学生和家长积极参与其中，借助网络信息平台，及时关注升学的网络信息，用课堂指导、实地考察等方式系统全面地整合当前高考改革、就业形势、职场风向等资料。在对这些信息进行综合分析的基础上，结合自己的性格特质、兴趣特点、能力倾向、学习成绩等主观因素，修订完善个人高中生涯规划书，为升学、职业发展等生涯规划做好准备。另一方面，重点做好个性化生涯发展需要。学校要依托个人生涯咨询中心，依靠咨询师的专业咨询方法和技术，为在生涯规划、选择等方面有困扰的学生提供个性咨询服务，从心理科学和职业规划核心理论的角度帮助他们调适自身，找准目标和发力点，从而使他们能更有效、更准确、更坚定地进行生涯决策与行动。如杭州嘉善中学成立了"学生发展指导中心"，建立了生涯发展规划资源库，针对学生个体就业分析、大学专业、高校招生政策及出国留学信息等内容进行专项的指导。学校还系统收集社会关注、就业形势、职场发展等信息，为学生提供指导。华东师大附中高三年级的"生涯决策"课程则以"志愿填报辅导和求职辅导"为主要内容，加强对考生的考前心理辅导、志愿填报辅导和求职辅导。生涯选择阶段如表3-3所示。

表3-3　生涯选择阶段

阶段	内容能力	重点任务	开设年级	课程（活动）群
生涯选择	管理决策（管理能力、决策能力、分析能力、监控能力）	生涯管理：发展学生生涯管理能力，进行学习管理、时间管理和人际关系管理；帮助学生建立成长档案，并对生涯发展实施动态化监控；学会科学确定符合实际的个人目标，评价自己生涯发展状态与学习进步情况，逐渐提升自我生涯规划能力；学会利用已有知识和能力对自我及将来的学习和发展进行规划和行动。	高一高二高三	《时间都去哪了》《多元入学渠道》《生涯名人对对碰》《心的出路》《志愿填报与指导》
		生涯决策：发展决策技能，重点围绕学科选择、志愿填报等进行抉择，引导学生深入了解自己感兴趣的专业，做好学科选考、高考志愿填报或就业发展的指导，帮助学生完成高中阶段的选择；协助学生全面综合分析进行自我生涯决策的有利和不利因素，协助学生搜集就业、专业和职业方面的信息，做出适合自己发展的生涯抉择。		

二、高中生涯发展教育任务

（一）高一：唤醒意识，发展认知

唤醒高中生发展规划意识，了解并正确评估自己的兴趣、专长、价值观，发展自我认知能力；使高中生能根据自己的兴趣特长及学习特点进行初步选择，培养学业规划能力；了解生涯发展历程，初步了解职业、专业，培养分析理解能力。

（二）高二：关注信息，培养能力

进行生涯实践探索与体验，培养实践能力、思辨和抉择能力；自我安排与管理学业，关注并收集社会、职业发展的相关信息，学会初步思考自己的职业志向与职业理想，培养信息收集能力、处理和分析问题的能力、生涯规划与管理能力。

（三）高三：确立目标，落实计划

增强学生生涯规划、管理和决策的能力，确立符合个人实际的发展目标，分析实现目标所需的条件及需要考虑的各类因素，制定个人发展的短、中、长期计划，培养其在特定情况下做出决断的能力。

第二节 高中生涯发展教育的内容体系

学校需要依据国家对人才培养的布局，社会发展对人才的需要，未来人才的发展方向，充分考虑学校办学特色与人力和社会资源，制定生涯教育整体规划。生涯规划教育的目标要"融于"课程目标之中，生涯规划课程要"融于"整个学校课程之中，这就充分说明高中生涯发展教育存在的价值和最终的落脚点，与高中的人才培养目标有高度的一致性，这就要求学校管理者要清晰定位学校的生涯教育，并深刻理解生涯教育与学校整体课程之间的关系，通过合理科学的顶层设计，既解决学生当前升学发展的任务，又使学生具备初步的人生规划能力，完成初步的学业或职业选择，同时获得适应未来世界的能力、态度和信念，使学生懂得基于自己和环境做出合理的选择，帮助其适应生活，使其终身发展。此外，要建立以生涯课程为主体、以学科课程和生涯咨询为支撑的生涯教育实施体系，搭建一个生涯发展管理保障、生涯发展教育、生涯发展咨询三位一体的生涯发展教育服务体系，充分调配和运用各方面的资源，满足不同学生的发展需求，为学生的个性化发展提供制度、文化和环境支持。

在实施方面，从管理与保障系统出发，整合校内资源，建立专门机构理顺管理机制，减少管理内耗成本，高效快速地布局学校生涯教育服务的架构体系，为生涯发展教育提供有力的支撑；坚持以人力资源开发为本的思想，加强生涯发展教育的师资培训，树立人人都是生涯导师的观念；积极推进生涯发展教育课程建设，既推行生涯教育融入学科教育，又坚持生涯教育独立开发、系统发展的思路，推出丰富多元、分层分类的课程，满足学生学习发展的需求；建立考核和评价的导向系统，引导全体教师积极参与，主动投入，不断提高专业素养和生涯意识；促进社会资源、家庭资源和学校资源的整合，调动社会、校友和家长资源，发挥学校平台的桥梁作用，为学生的生涯发展搭建一个可以利用的、持续赋能的、开放包容的生涯发展和自身成长的平台[①]。

一、高中生涯发展教育管理保障体系

（一）生涯发展管理保障机制的构成

学校作为生涯发展教育的重要环节和场所，随着教育现代化进程中人民群众对教育越来越高的期望和要求，学校在培养面向未来的人才过程中其育人职责逐步细化和明确，生涯教育的重要性和必要性逐渐凸显，并成立专门的组织机构和专门的人员负责规划设计、协调组织、落实考核。为了有效、有序推进生涯发展教育，学校要专门成立学生生涯发展指导中心，负责组织管理和协调保障工作，中心一般由校长或分管生涯规划的副校长领导，教导主任负责，成员由政教处、团委、国际部、行政办公室、总务处负责人、年级主任、班主任代表组成，其工作内容主要是负责全校生涯发展教育的规划；生涯课程教学的组织与实施；生涯活动的开展；生涯咨询辅导；职业信息收集与职业探索活动；选考科目填报指导；升学专业志愿填写指导；协调和联络工作等。

（二）生涯发展管理保障机制的内容

制定切合学校实际的生涯教育规划；

通过调研、座谈等形式掌握本校学生的职业期待；

组织生涯发展课程教学及评价；

安排和开展生涯方面的系列活动；

制定和编印全校生涯教育相关文件；

---

① 刘静.高考改革背景下高中生涯规划教育的重新审视[J].师资建设，2018,31(5)：39-45.

生涯管理、教育和咨询专业队伍建设方案的制定和实施；

生涯教育经费的预算和管理；

制定生涯发展教育相关信息收集和处理工作，加强网站、微信等新媒体建设，建立分类信息推送机制；

生涯咨询场地和专业队伍的建设；

生涯咨询常态化机制的建设；

生涯咨询技术的研究与探索；

高考选考科目填报指导；

升学专业志愿填写指导；

职业化探索活动的开展与实施；

生涯发展教育的校本研究；

对内对外的协调和联络工作。

（三）生涯发展管理保障机制的运行

1.树立全面持续发展的人才培养理念

高考改革的目标是建立科学、公正的人才选拔和培养体系，为适应时代发展和未来社会需要做准备。高考改革绝不是一个关于选择权的战术问题，而是"一个关于人才培养方式转型、构建高中教育多样化发展'大格局'的战略性问题"。学校要站在深化改革和推动未来人才培养的高度进行定位，确立生涯发展教育新的办学目标。办学目标的确立应从学生成才成长的角度出发，立足解决问题的思路，鼓励促进学生多元化发展、个性化发展。高考改革的紧迫任务是将生涯发展教育的目标从为高中生的升学和就业准备，转变为促进高中生的全面持续发展；从单纯的培养选科、选专业、生涯规划的能力，转变为帮助高中生整合自我和外部世界，使之建立持续的良好关系，具备适应未来社会需要的知识、能力、态度等，并能够适应社会，实现终身发展的过程。高中生涯发展教育整合学生的各类特点，连接学生从过去到未来的成长历程，从高中生自身的发展特点和其所面临的发展任务出发，在促进其充分认识自己、环境及二者联系的基础上，运用必要的生涯规划与管理技能，达到生涯选择的科学性与合理性的同时，借助专业的方法与途径，带着积极的生涯信念，参与到自己选科目、选专业、选高校的未来规划与生涯发展过程管理等系列活动中来，逐步形成自主选择的信心与能力，整合未来生活的规划能力以及处理职业和生活变化的适应能力。

2. 强有力的政府支撑

（1）法律保障和政策落实是基础。政策和法规是高中阶段顺利开展生涯发展教育的重要保障。我国在《国家中长期教育改革和发展规划纲要》和《普通中学职业指导纲要（试行）》的政策文件中明确提出了要在普通高中实施生涯发展教育。想要有效地推进生涯发展教育，只能由政府部门牵头细化和完善相关措施，并且纳入绩效考核。

（2）充足的经费是核心。充足的资金是实施普通高中职业生涯规划教育的必要条件。为了确保高中生涯教育能顺利实施，国家需增加教育经费的投入，尤其是高中阶段的教育投入。政府和教育主管部门要设立用于生涯规划教育的专项资金，纳入预算管理并严格实行专款专用的原则，通过划拨或者购买服务的方式保障生涯教育管理保障体系、教学体系以及咨询体系的有效运转，切实落实党和政府的教育方略，只有解决了经费这个核心问题，高中的生涯发展教育才有希望落实。

（3）系统的绩效考核评价。要确保各高中学校足够重视职业生涯规划教育并能有效推进，当地政府和教育行政主管部门要将各高中生涯发展教育的实施情况纳入该校的年度考核，制定切实可行的评价考核机制和奖惩措施。另外对于生涯教育工作考核优秀的高中学校，应该大力表彰、树典型，通过经费奖励以及经验推广的方式让其成为大家公认的典型，从而带动一批同类学校推进生涯教育健康良性地发展，促进学生成才。

3. 普及生涯概念及知识

去掉生涯教育的神秘化和高端化，构建多样化的、普及化的生涯知识传递载体，使学生能够更充分地了解职业生涯发展教育，更有效地掌握相关知识，从而为自己的生涯发展做好准备。

（1）开展生涯规划知识讲座。由学校生涯教育专职老师或者校外职业生涯规划专家为学生开展"生涯规划"专题讲座，其内容包括生涯规划的重要性、意义、概念、内容、基本分类、作用价值、需要具备的条件、具体做法、行动规划、自我评估、注意问题等，使学生系统地构建生涯规划知识，唤醒生涯规划意识，做好生涯规划准备，为生涯规划奠定基础。

第三章 高中生涯发展教育服务体系的建构

（2）建立丰富多样的宣传形式。为学生发放生涯规划知识宣传手册，制作含有生涯规划知识的书签、笔记本等。传播的知识既包括相关基础知识，又包含进行职业生涯规划的具体做法等。创造条件方便学生进行阅读和自我学习，并设置专门的咨询机构，由专业的教师解答学生在学习过程中遇到的问题。

（3）营造生涯发展校园文化。在校园张贴有关生涯规划的宣传海报，制作黑板报，通过营造浓厚的生涯发展氛围让学生直观地感知到生涯发展的重要性，同时又能很方便地接触生涯发展知识，促进学生生涯发展的自觉与自发，激发学生进行生涯规划的心理及行为。

（4）成立促进学生生涯探索的相关协会，如生涯发展协会、职业探索协会、学习社等。一方面为学生生涯探索提供固定有序的平台，另一方面培养一部分生涯规划积极分子，构建起生涯探索自我教育、自我管理和自我服务的核心团队。

4. 建立完备的专业组织机构

建立校内外相结合的生涯发展教育专业指导机构，能够有效促进生涯发展教育有序地开展。在校内建立学生生涯发展指导中心，负责整体设计、组织实施，协调推进高中生生涯发展教育，建立生涯发展教育研究中心专门收集行业资料，研究行业发展动态、发展方向，研究生涯教育过程中理论与技术的本土化，通过课题、项目等形式加以实施，促进学校生涯发展教育的迭代升级；在校外，依托高校实验室、研究中心、教师工作室等建立学科专业体验中心，融合大学各学科专业资源，通过校园开放日或者先选课程方式，让学生进入高校实地参观，深入课堂体验专业课程，进入实验室开展小课题研究，通过这些方式让学生对有意向的专业有直观的体验，明确学生的生涯意愿，坚定学生的生涯选择；校外联合企业、单位并融合大学专业实践基地，建立行业体验实践基地，设立职业体验实习岗位，引导学生利用假期，开展专业实践，深入了解行业的工作内容、清楚职业需要具备的能力，让学生的生涯选择更贴近实际，也进一步促使学生主动积极学习，以实现自己的生涯规划。

二、高中生涯发展教育体系

生涯发展教育不能被作为就业前的准备教育，也不能单纯地被作为一门知识传授课程。在高考改革背景下，它应当是高中学校教育中对未来人才培养不可或缺的重要组成部分，是学校课程结构中非常重要的组成部分。高考改革带来的影响正促使着学校进行课程结构、教学模式、学习方式等方方面面的改善调整，也促进着学校生涯发展教育的开展和完善。高中生涯发展课程的目标不仅要为学生近期的学科选择和专业填报作指导，更要为学生远期的自我实现和终身发展作指导，为学生实现人生价值奠定基础；只有以人为本，把学生未来的发展放在第一位，生涯发展教育才能体现其本质价值，这样的生涯发展教育才能与高考综合改革的精神和原则、高中人才培养的目标、学生个人发展的需要高度契合，才能生根发芽，健康良性发展。

（一）生涯教育的发展

人的生命发展历程，按照不同时期、不同阶段的发展一般要经历生存、生活和生涯的三种形态，这三种形态有其不同的核心内容。生存是自然界一切存在的事物保持其存在及发展变化的总称，通常指生命系统的存在、生长和延续，这是人发展的根本，主要是通过人的本能、遗传、家庭教育等形式掌握生存的本领和能力，其中家庭教育是非常重要和关键的形式，主要是通过父母的生存知识和技能的教育辅导来实现生命的存在；生活是指人类生存过程中的各项活动的总和，包括人类在社会中与自己息息相关的日常活动和心理影射。生活是比生存更高层面的一种状态，生活中需要大量的物质予以存在形式，所以其在物质层面表现为主要需要的特点，让其职业、技术等现实的创造联系起来，这实际上是人类发展和文明进步过程中的初级阶段的谋生方式，具有一定的片段性、单一性的特点，其主要通过技术教育与辅导来实现生活延续；生涯是指人从事某种活动或职业的生活经历，生涯的发展是人一生当中连续不断的过程，生涯实际上就是一个社会人平衡不同角色的过程，扮演好自己在学习、工作、生活中的角色，人的生涯就成功了，每个人的生涯发展是独一无二的，是动态的，主要通过系统的生涯教育与辅导来提高生涯的达成程度，详见图 3-3。

发展阶段	生存	生活	生涯
存在形式	生命存亡	谋生计术	角色平衡
实现途径	生存教育与辅导	技术教育与辅导	生涯发展教育与辅导

图 3-3 生涯的存在和演进

（二）高中生涯发展教育的内容

生涯教育的目标是教会人决策，即在人的成长和发展过程中，通过角色扮演来面临不同的选择。正是在这种选择过程中，生涯得以推进、实现和发展。生涯教育就是教会学生具备正确决策的知识和能力，包括生涯的认识、掌握、决定、管理、实施和达成这一系列的过程。高中生涯处于人生生涯发展的探索阶段，对以后生涯的发展具有基础性的作用，主要通过学习认识、探索实践来解决内外两大板块的知识和信息，并且要学会管理、使用和整合这些信息的能力，用以实现自己的生涯规划。对内主要是自我察觉和探索，对外主要是校园与职场生活认知，在这内外两个维度的探索过程中还要具备生涯信息管理与决策的能力。自我察觉与探索主要是教会高中学生从成长历程中发现个人特质与生涯价值，分析个人的生活角色与生活形态，澄清生涯困惑，坚定生涯信念。校园与职场生活认知主要是以教育的方式来引导学生认识高中阶段校园生活的特点，学会生涯规划的基本知识和能力，认识大学、职场等环境生活，具备评价的能力，准确地把握社会需求，并积极地为之做好准备，建立并完善自己的工作伦理、工作价值观等意识体系。生涯管理与决策是高中学生做出生涯决策，实现生涯成熟的核心能力，主要是教会高中生掌握决策方法与技巧，建立自己的生涯学习档案，通过实践行动做好时间管理、情绪管理、压力调试、休闲管理等项目，构建终身学习的能力，详见图 3-4。

自我察觉与探索	校园与职场生活认知	生涯管理与决策
从成长历程中发现个人特质与生涯价值	认识高中阶段校园生活	掌握决策方法与技巧
分析个人的生活角色与生活形态	生涯规划与大学认识	
	职场环境生活	建立生涯学习档案
澄清生涯困惑	社会需求	
	工作伦理	实践行动、时间管理、情绪管理、压力调试、休闲管理、终身学习
坚定生涯信念	工作价值观	
	职场评价等	

图 3-4　高中生生涯教育的内容

（三）高中生涯发展教育的载体

高中生涯发展教育不是一门简单的课程，更不是纯粹的知识教育，而是要实现其教育目标。其目标的实现必须根据学科特点以及高中生的特点，采取丰富多彩、学生喜闻乐见的形式开展，归纳起来主要分为生涯活动、生涯课程教学和生涯咨询三大类，详见图 3-5。生涯活动主要是学生以个体或者集体的形式参与各种积极有效的、多种形式的活动，通过感知体验，达到觉察自我、认识环境的目的；生涯课程教学主要是全体教师依据生涯课程的知识结构共同参与，通过生涯发展课程讲授和各学科课程融入生涯发展教育的形式，建构学生生涯方面的知识；生涯咨询是师生一对一或者一对多共同参与，根据生涯的独特性，以及个人发展个性化需要，通过测评、咨询和辅导的形式满足学生个性发展的需要。

生涯活动	生涯课程教学	生涯咨询
• 觉察自我：志愿服务、社团活动、运动竞技、艺术特长、才艺展示等 • 认识环境：夏（冬）令营、博览会、见习、职业体验日等 • 分析与决策：高考升学渠道说明会、志愿填报培训会、选考科目培训	• 落实生涯发展课程教学 • 各科课程融入生涯发展教育	• 生涯测评 • 个别咨询 • 团体咨询 • 班级辅导

图 3-5　高中生涯发展教育的载体

（四）高中生涯发展教育的实施

1. 提高生涯课程的契合程度

（1）与幸福人生目标契合。生涯教育课程目标的制定要基于学生的生活经验，立足其生涯角色的体验，从成长的需求出发，注重认识自我、了解职业、发掘潜能、实施规划、赋予管理、做出决策等六个维度，实施生涯认知与社会实践的引导，帮助高中生从课本、学校走到职业、岗位，实现现在与未来的有效链接；基于高中生的个性特点运用体验式的教学思想，采用"学习、体验、思考"三结合的教学形式，培养高中生生涯发展的自我认知、自我管理和自我选择的能力，为幸福人生打下坚实的基础。

（2）与多元化发展契合。高中阶段是学生学习知识与技能的重要阶段，也是形成人生观和价值观的重要阶段。生涯教育课程要基于发展的思考引导高中生学会观察和认识现实世界，关注时代进步与国家发展对人才的要求，树立发展的意识，建立发展的能力。学生要能够根据自身特点和实际情况决定自己的未来方向、职业类型和升学层次，而不是一味地追求有名有利、风光无比的高大上的职业，要逐步树立"行行出状元，业业可建功"的多元化的职业发展类型。

（3）与人才应变能力培养契合。产业的转型与升级，职业的升级与更替，创新型国家的建设，高考的改革，都为生涯发展教育带来了系列的变化。生涯教育课程要基于应变的思考，立足教会高中生了解职业变化和需求，理解工作及岗位的本质变化与发展要求，主动调整生涯规划以顺应时代的发展；生涯教育课程要立足引导高中生在认识自我的过程中激发学习内驱力，在培养面对各种生涯抉择情境时，要能够抓住问题实质，收集并运用信息，正确规划与决策自己生涯的能力。

2. 运用体验式多维教学法

（1）依据"体验性、开放性、实践性"的原则，借助"案例剖析""我闻我见""电影人生""职场解密""国际视野"等栏目，引导学生进行从感性到理性的实践和思考；聚焦发生在本地、本省和社会生活圈内，在身边可亲、可信的案例，感悟生涯发展的基本含义；以真实可信的实例和浅显易懂的语言，提高生涯发展的认知能力和操作能力，以此达成能对自己未来负责的自信和展望；以现在和未来、校内和校外、模拟和真实等不同维度体验的方式引导学生去聚焦、思考现在与未来生命历程中出现的问题，以开阔的视野，管理即将面临的生涯发展。

（2）自成体系的独立教学单元，即以规定周课时数、固定任课教师、传承传统考核等方式实施教学；创新教学形式，大力推广体验式教学，通过经常性地开展班会、讲座、社团活动辩论演讲、调研等方式实施专题实践性的教学；全面独立地设立生涯教育环境，采用渗透式教学，在具体学科的教学过程中进行潜移默化的行业实践教学，着重对成功人物的特点和素质进行剖析，在导入语、案例、人物中，在总结词里，在教学环节的转换处等，处处可听到与未来有关、与行业有关、与生涯有关、与人生幸福有关的启发式教学和真情关怀。另外，条件成熟的学校，可根据实际情况探索开展自主体验式、情景模拟式、实地调研式、企业实践式等课型模式，丰富生涯发展教学的类型。

3. 建立以效果为导向的评价方式

生涯发展教育课程不仅仅是一门知识传授的学科，所以一定要打破"唯分数"的评价方式，着重对学生学习知识后的收获、能力的提升以及思想的感悟等方面进行检验。在评价中要采用过程性评价与结果性评价相结合的方法，将参与学习过程的态度与生涯发展能力的提高进行考核，落脚在个人的发展和进步上。考核的内容主要有学生对自己、学业、职业、未来等指标的认知、理解、把握和运用的程度，让学生规划出一份方向明确、路径清晰、操作性较强的生涯规划书，不断地修改完善，并在发展中主动与生涯规划书对照，检查自己现状与规划的契合度，调整自己的行为以获得持续的良性发展。课程成绩的构成体现如下：态度（出勤、课堂讨论）占20%；活动（社会调查、挂职见习、观点形成）占50%；成果（生涯规划报告）占30%，其学分以选修课程学分计入高中毕业总学分，以证明高中阶段生涯发展教育的效果和自身生涯的成熟度。

4. 运用强大的现代信息技术

随着互联网新技术、移动终端以及新媒体技术的广泛运用，教育行政主管部门或学校皆可建立生涯发展教育云平台，汇集多种生涯教育教学资源，学生可随时登录平台进行学习。云平台上的资源既包含专家指导库、慕课等课程资源，也包括国内外大学介绍、专业简介视频集、职业行业介绍、职业模拟体验中心等信息资源。其中知名大学通过多媒体技术来介绍，将国内外知名大学相关资料制作成可查询、可滚动播放、可视听的查询系统，设计高校特色展示区并调动高校参与，供学生家长参观、了解、选择；专业介绍是高校及行业知名人士通过短视频形式构建的视频集，其中专业内容包含专业基本情况、课程设置、就业方向、学生需具备的能力等内容；行业介绍主要是全面展示本行业的现状、对人才的要求、薪资情况、今后发展趋势等。在对专业、职业有了初步了解后，学生可在云平台上的职业模拟体验中心进行职业初步体验，通过体验进一步明确该职业是否真的是自己的兴趣所在，若与自身的契合度不高，学生可进一步再次依托平台重新探索真正喜欢的专业、职业。

5. 建设专业化师资队伍

高中职业生涯发展教育要依靠专业的教师队伍，目前很多发达地区的高中也没有配备专门的生涯规划专业教师，所以建设一支专业化的教师队伍，是高中职业生涯发展教育能否实现教育目标的关键。专业化的师资队伍建设要采取"城乡统筹、长远相济、分布推进、内外结合"的思路进行。在地域上要保证城市与农村的专业化师资队伍建设同步，时间上要采取实事求是、分步推进的原则，立足长远，建设一批热爱学生、热爱生涯教育的心理教育老师、学科老师和班主任专业化队伍。坚持空间上的"内外结合"，充分利用本土的社会资源，打通各种人脉关系，邀请本地和省内的职业生涯规划专家，聘请本地政界、企业界和文艺界的知名人士作学校的职业生涯规划的兼职顾问，定期到校与学生交流，通过讲课或者讲座的方式对学生进行指导；可以聘请高职或者中职有经验的老师来校兼课，让实战经验丰富的老师指导学生会更有实效。学校有了在职业生涯规划方面训练有素的生涯咨询师，有了每天都和学生在一起，又具有生涯发展意识和教育本领的班主任队伍，再加上一批校内外专兼职职业生涯发展指导老师和专家顾问，就可以形成一支稳定的、充满活力的生涯发展教育专业师资队伍。

三、高中生涯发展咨询体系

生涯发展教育是针对人的一生的教育，学生在接受教育和发展的过程中除了通过统一的教学和体验活动获得基本知识以外，更多的是个体在受到外界信息的刺激后形成了自己独特的反应和需求。生涯发展是在解决问题的过程中发展，个体在生涯探索中出现了相应的问题需要解决，在自己没有足够的知识、经验和能力解决时，就需要专业人士提供咨询帮助，以协助学生认清自身和环境的特点与联系，清除认知和情绪上的障碍，克服与生涯有关的困难，平衡生涯发展过程中的各种角色。

（一）高中生涯发展咨询机制的建立

1. 咨询平台的建设

（1）完善生涯测评系统。生涯测评系统是结合心理学、教育学以及生涯规划理论知识以问卷形式建立的集性格分析与调试系统、能力分析与提高系统、专业职业预判匹配系统于一体的网络测评平台，包含自我性格与能力测试、职业能力与倾向测试、学科兴趣与潜能测试、大学及专业选择测试等内容，可对学生性格特点、适合专业及职业进行初步分析，为学生生涯规划提供参考建议。通过生涯测评，可准确了解学生的兴趣、性格和能力，引领、帮助学生正确认识自我，科学准确地选科目、选专业、选职业，让学生在高中阶段更科学化、合理化、个性化地进行各类选择。此外，测评系统在为学生推荐专业、职业的基础上，还能准确描述学生的优势和劣势，并给出完善的指导建议，让学生清晰认识到自己的差距，促使其积极主动学习，激发学习的内在动力；促进学生健康发展，为终生幸福奠基。完善的测评系统一定是学生目前状态的呈现，因为高中生处于青春期发展的顶峰，可塑性极强，变化性也极大，因此一定要做好测评结果的解读和辅导，帮助学生正确认识测评结果，带着动态和发展的眼光去使用结果。

（2）建立生涯咨询和指导中心。每个学生的职业生涯规划都带有强烈的个性特征，整齐划一的课堂教学难以满足所有学生的成长需求。所以，想要提高生涯教育的效果，建立生涯咨询和指导中心很有必要，它能为学生提供富有个性化的生涯咨询和指导。条件一般的学校，可以依托学校心理咨询室来开展生涯咨询和辅导工作；有条件的学校可以联合本地高校在学校设立生涯发展咨询和指导中心，通过一对一或者一对多的形式，建立个人档案，给学生提供最权威、最有效的生涯咨询和指导，从而尽早或者尽可能彻底地消除学生的迷茫期。生涯咨询和指导要充分地利用现代多媒体信息技术，建立"学校生涯发展指导网站"，定期发布生涯规划教育的相关资料、宣传图片、视频和成功案例，以及开设网络生涯规划课程和活动资料。邀请专家、知名校友、优秀家长、班主任、生涯规划师等建立"生涯规划交流群"，搭建交流职业信息、升学渠道和志愿选择的资源共享平台，壮大高中生职业生涯发展咨询队伍，拓展咨询信息传递通道。

2.咨询形式

（1）个体咨询。生涯个体咨询即指一般意义上的针对生涯问题，使用心理咨询技术对个人进行一对一的帮助是心理咨询的一部分。关于心理咨询，国内外专家对此做了多种不同的解读。比如，泰勒认为心理咨询是一种从事心理上帮助的活动，它集中于自我同一感的成长以及按照个人意愿进行选择和行动的问题。理斯曼认为心理咨询是通过人际关系达到一种帮助的过程、教育过程和成长过程。帕森特认为心理咨询是一种人际关系，在这种人际关系中咨询师提供一种心理气氛或条件，使来访者发生变化，做出选择，解决自己的问题，并且形成一个有责任的独立个性，从而成为更好的人和更好的社会成员。罗杰斯认为心理咨询是通过持续的、直接的接触，向其提供心理援助并力图使其行为、态度变化的过程。国内学者钱铭怡认为心理咨询是通过人际关系、应用心理学方法，帮助来访者自强自立的过程、个体生涯咨询具备与心理咨询相同的要素：一是个体咨询建立在一种关系中，是咨询师和来访者双方互动的过程，这也决定了咨询是动态的，同时关系建立的好坏也直接影响咨询效果的好坏；二是咨询的目标在于使来访者发生更加积极的适应性改变，可以是从不适应变为适应，也可以是从适应变为更积极健康，从而更为良性地发展。

（2）团体辅导。团体辅导主要是指在团体的情境下利用心理团体辅导技术进行生涯辅导的心理辅导形式，它是通过团体内人际交互作用，促使个体在交往中观察、学习、体验，认识自我、探索自我、调整改善与他人的关系，学习新的态度与行为方式，以促进良好地适应与发展的助人过程。以团体的方式进行生涯辅导，有其特别的优点。通过指导建设一种具有探索、交流和治疗气氛的团体，能让成员在其中自由地讨论生涯问题，得到团体成员的多方面意见及咨询师的导引。团体辅导对那些有相同需要、关心同样问题的指导对象来说，通过相互学习、模仿和感染能达到共同进步的作用，是一种成规模、最经济、最有效地解决问题的途径。在团体辅导中，可采用教学材料、电影、音像教材、讲座等方式来提高辅导效果。

（二）高中生涯发展咨询机制的运行

1. 培养专业化的咨询团队

积极整合资源，不断扩大生涯发展教育课程专职教师和生涯咨询师的数量，以满足全部学生的发展需求。可以采取引进、聘用和培养的方式进行师资的扩大。引进热爱生涯相关工作、且具有相关学科背景并受过严格训练的学科专业人才；联系学校所在城市的高校、企业的人力资源部门邀请合适的专业人士定期走进校园开展咨询；分层次、分类别地对学校已有的、安心从事生涯相关工作的教师进行系统培训，并明确任务，参与实践，使咨询体系教师更加多元化。

2. 建立完善的督导机制

咨询师团队内部定期开展案例分享会，交流咨询过程中的典型问题并及时总结咨询规律；破除条块分割，打通横向壁垒，组织不同咨询师团队定期交流，举办特色沙龙或主题研讨，相互学习，共同促进；建立跟踪回访机制，跟踪回访来访者并对比其变化反应，以更好地促进咨询师进行反思并提高其生涯咨询的技巧和能力；聘请领域内高水平的咨询专家，定期对学校的咨询师团队进行集体督导。

3. 完善咨询效果的评价

生涯咨询效果的评估可以更加多元化，这对全面、科学、客观而系统地咨询进行评估很有帮助。通过职业测评的量化分析快速了解来访者的技能、兴趣、性格、价值观与学习风格等，还能够通过生涯问卷的量化分析了解生涯咨询的效果。科学地使用咨询辅助工具，比如通过撰写成就故事来了解学生在过去的经验中经常运用的个人技能；通过"生涯幻游"活动大体了解来访者未来希望的生活状态；通过职业分类卡探寻来访者期望从事的职业及其特征；通过生涯家谱图记录成员之间的基本数据和相互之间的关系，从而了解到原生家庭对个体生涯选择的影响。

4. 加入生涯发展行业协会

任何专业技能的发展都离不开行业协会的指导和支持，生涯咨询也不例外。2013 年 7 月，"中国职业生涯发展协会"成立，协会成员都是职业生涯发展领域的资深专家、著名学者、专业机构及具有专业资质的生涯咨询师。协会通过搭建行业平台，加强行业交流，整合国内外生涯发展资源，积极发挥高校和用人单位之间的桥梁与纽带作用。同时，行业协会有能力为成员提供高水平服务，促进行业发展，如为会员提供前沿理论讲座和培训等。协会可以通过建立行业自律机制、制定行业道德准则、诚信服务等行规行约，规范行业自我管理行为，推动行业的职业化和规范化。

第三节　高中生涯发展资源的拓展与利用

从目前国内整个教育发展来看，高中生涯发展教育才刚刚起步，还略显孱弱，要将这件有意义的事业真正融入高中教育中，融入老师和家长的意识中，融入学生的学习生活中，还有很长一段路要走。高中生涯发展教育的进程有多快的发展速度，能够呈现出什么样的格局，能够取得什么样的成果，要看生涯发展教育这项事业能够聚集多少资源的支持。所以要想做好高中生涯发展教育，必须整合资源，集聚能量，尽可能地找准关键点，精准发力，全方位布局，全员参与，将这项工作做好、做细，从而推动高中生涯发展教育的良性、持续发展。

一、人力资源的拓展与利用

教育的核心是人，高中学生提出了生涯发展的需求，其教育环境能不能满足其需要完全取决于组织实施教育的人的参与度、投入度和接纳度。为了增强生涯发展教育的效果，除了加强校内教师以及职工的参与程度，整合家长和社会人士的广泛参与也是非常有必要的。所有生涯发展辅导人员都必须具备生涯规划的概念和基本知识。生涯发展教育的人力资源主要分为三大类：行政和保障系列、生涯发展课程教育系列和生涯辅导咨询系列。行政和保障系列主要包括行政人员、全体职工、家长和社会人士；生涯发展课程教育系列主要包括生涯发展规划师、学科教师；生涯辅导咨询系列主要包括辅导教师、心理咨询师、社工人员和其他专业人员。开展生涯发展教育需要建立专、兼职的生涯发展教师队伍，确保全员参与生涯发展教育。专职人员可根据学校实际设置两名左右，负责生涯发展辅导中心的日常工作和课程教学，其他人员可从学校心理健康教师队伍中选派或进行外部招聘；德育处、团委教师和班主任可从学生班级、团员和社团活动中设计相关的生涯体验活动或比赛；国际处老师可以从留学、国际交流等方面给予学生政策和实际的支持；学科教师可从任教的学科出发，发掘学生的兴趣与特长，渗透开展生涯辅导。生涯发展咨询是一个较为个性化的工作，高中学校应该为学生配备生涯咨询师，进行一对一的指导。

（一）学校行政保障人员

1. 规范化分类管理

把学校行政化岗位进行分类管理，坚持按制度管人，按照生涯发展教育把不同岗位的性质制定行政人员个人发展目标，通过构建其发展愿景来明确自己的努力方向和奋斗目标。学校要重视管理制度的规范化建设，特别要制定和完善生涯发展教育的规章制度，明确生涯发展教育的具体流程和岗位责任，要将制度细化到每一个岗位和每一项活动中。按照生涯规划的理念管理与培养行政保障人员，将行政管理人员分类别培养，主要分为

第三章　高中生涯发展教育服务体系的建构

普通级、骨干级和核心级三类。普通级包含大多数行政管理人员，主要是适应生涯发展岗位的需求，熟练掌握学生生涯发展教育工作内容，符合学校人才培养需要，及时有效处理生涯发展教育工作中的各项具体事务，在边做边学中成长，提高协调、沟通、组织等多方面的能力。骨干级行政人员是在领导素质、担当精神、组织管理能力等方面表现出潜质的，通过自己的特长和管理的熟练程度能独当一面的管理人员。该类人员是学校生涯发展教育中各种具体形式的组织者和实施者，决定学校生涯教育开展的局面、程度和效果。核心级人员主要是指学校的领导层，是管理人才，顶层把控生涯发展教育的规划、机构的设置、经费的保障和人才队伍的建设等重大事项。这类的行政管理人员在学校的生涯发展教育中分别发挥不同的组织、保障和协调作用，需要在进行不同类别、不同任务、不同要求的管理、统一设计和分工下充分发挥各自的作用，形成生涯教育管理保障合力。

2.建立行政管理人员的培训体系

学校要重视行政管理人员的发展，建立长期有效的培训机制，为其提供培训机会，从而促进其管理水平的提高。组织校长、副校长等核心级管理人员去高校或者专门机构进行专业生涯知识的系统学习，比如生涯管理专题培训。举行短期的专题讲座，针对生涯发展教育管理中的某一具体问题进行系统分析，提出对策；开展以能力训练为主的专项培训，主要让管理人员掌握协调、沟通、执行等专项能力，培训时间根据任务的难易程度设定；政府购买服务培训，专业学校或社会教育机构根据社会需要提供生涯发展教育在职培训；管理人员可根据自己的兴趣爱好自行选择灵活多样的网络（慕课）培训。多样化的生涯发展教育培训方式为学校管理人员提供的不仅是单纯的知识学习，最重要的是提高了他们解决问题的能力，让行政保障人员建立学习动机，逐步养成终身学习、自主学习的习惯，持续提高生涯管理能力和素质，满足生涯教育中不断变化的要求。

3.建立以人为本的评价激励机制

对行政管理人员的考核不是简单的自上而下的模式，而是应采取双向的考核，将自我评估和绩效呈现相结合，另外再加上其主管领导写出评语报告和教师互评相结合的方式。除了奖励和惩罚以外，建立问题改正的缓冲区，限定期限提出改进方案和执行，其目的是推动生涯教育保障工作的整体发展，让行政保障人员能及时了解自己的不足之处，从而提高自身的管理水平，更好地服务学校。学校还应建立与评价制度相关联的工资制度和晋升制度。

（二）专业化教师队伍

教师队伍是学校进行学生生涯发展教育的中坚力量，既包括专职的生涯教育课程教师，又包括学科教学教师。教师通过课堂教学的渗透、专题活动的组织、社会实践的设计等方式进行持续的生涯发展教育，以推动高中生涯教育的不间断发展。做好教师的专业化发展，才能将学校的生涯发展教育提档升级，才能让学校的生涯发展教育成为师生喜爱的沃土。生涯发展教育教师专业化包括两方面的含义：一是作为教师职业本身的教育教学理论与方法的专业化；二是教师所从事生涯发展教育的学科知识的专业化，包括学科理论知识的专业化和学科实践技能的专业化。

1. 重点支持生涯发展教育教师的专业化成长

学校的支持与引导对教师的专业化成长至关重要，这涉及生涯发展教育教师的地位、经费、发展等一系列政策保障措施以及落实的程度。目前，中学教师除了要承担一定的行政和学科课程教学工作外，还要涉及职称发展以及教学研究，并参与学校和班级的管理工作。学校一定要明确提出生涯教育教师专业化发展，并进行实质性的支持与引导。学校要针对教师的具体情况分类指导，帮助其制定生涯教育专业化发展的规划、发展目标以及实现途径。如对完全没有生涯知识储备的学科教师，可以通过参加一些系统课程培训，帮助其构建生涯学科的知识体系；还可以将课程改革、教学比赛等方式渗透到学科教学中，提高教学效果。对有心理学背景或者有生涯发展学习经历的教师，可以采用脱产或企业顶岗培训等方式增加其生涯发展专业技能和经验。对一些有潜质又热爱生涯培训的教师，可以通过在职攻读硕士、博士学位的方式，提高其专业理论水平，最后成为生涯教育发展方面的专家。

2. 健全生涯发展教育教师的培训体系

建立系统的生涯发展教育教师专业化培训体系，对保证和提高高中的人才培养质量有着重要作用。首先，要建立科学规范的教师培训体系，引导教师结合自身实际情况做好生涯发展教育的发展规划，确立自己在生涯发展教育中的角色，将自己准确定位为管理者、策划者、讲授者、活动组织者或咨询者，以便分类实施培训，增强培训的针对性和专业性；其次，要以任务为导向，采取灵活多样的渠道进行培训。要充分利用高等学校、专业研究机构等各种资源，根据生涯发展规划或课程建设的需要，有计划地对教师进行全员轮训，使培训与课程建设、教师成长紧密结合，促进教师的专业化发展；最后，充分利用校内资源，坚持学和做相结合，坚持理论与实践相互促进，开展符合校本特色的、有利于教师专业化发展的各种活动，如新任教师生涯专题培训、生涯主题班会观摩课、生涯教育研讨会等活动。

3. 完善教师评价制度

科学合理的生涯发展教育教师评价制度是教师专业化发展的重要保障。学校应该从职业道德、教学能力、专业技能、实践能力等多个维度构建有利于教师专业化发展的评价指标体系，制定客观可行、易于操作的实施标准，实施全方位绩效考核，并将奖酬与教师绩效挂钩，引导生涯发展教育教师不断追求专业成长。特别是要打破只重结果的传统评价模式，加强教师的过程性评价，建立淘汰机制，对不能与时俱进，达不到生涯发展教育教师专业素质要求，或不能适应学科本身发展要求的教师及时进行培训或转岗。

（三）家长

家庭的社会地位、经济条件和价值观念，在一定程度上影响或制约着学生的生涯发展与职业选择。家庭是培养学生态度和人格的重要场所。在良好的家庭氛围下，即使自身条件不是很好的青少年也会拥有更强的自主能力，愿意探索更多的生涯决策知识，抱有更加积极主动的生涯决策态度。家长应当仁不让地成为指导学生制定生涯规划和发展的重要人员，可以说家长对学生生涯发展教育的参与面和参与程度直接影响和制约着学生生涯发展教育的效果。从这个意义上说，如何发挥和利用家庭教育资源，是生涯发展教育必须重视的关键因素。

1. 构建和完善生涯教育家校平台

首先应统一认识，调动家长参与学生生涯发展教育的积极性，家长与学校合作方能支撑起高中生生涯规划的完整体系。要体现家长的作用，其前提条件是家长要了解、认同学生生涯发展对其成才的重要作用。学校可以在家校平台上开办针对高中生生涯发展的培训，包括高考改革的特点，生涯发展选科目、选专业、选学校之间的关系，高中生涯发展的重要性，家长对高中生生涯发展的影响作用，以及家长如何协助学校对高中生进行生涯发展教育等，使家长成为高中生职业生涯规划教育的好帮手。其次成立"生涯规划教育家校联盟""家长讲师团"，定期聘请具有成功经验的家长来校参与生涯发展教育或担当生涯导师，使家长成为课程的参与者和实施者，为课程实施提供支持。家校平台还要主动策划组织一些有意义的活动，如家长生涯教育专委会交流研讨、读懂自己读懂孩子——生涯专题家长沙龙、家长经验分享、生涯主题家长会等，通过具体的分享和互动教会家长在生涯发展教育中自主成长。

2. 对家长进行生涯规划的培训

要家长掌握生涯发展教育的知识和方法不是一蹴而就的，也不会是一两次讲座就能够实现的，这是一个长期的、专业化的过程。首先要做到专业化培训，聘请职业生涯规划方面的专家，为家长开展相关培训，使家长掌握职业生涯规划的具体方法，以家长自己的认识和态度，带动学生的生涯发展，以家长自己的能力和水平完成学生生涯发展教育中的部分指导。其次建立培训机制的常态化。通过QQ、微信等社交媒体，建立生涯发展规划的家长信息平台，专家和学校专业生涯教师定期和不定期地解答家长在学生生涯发展指导过程中的具体问题，提供具体化的建议，持续地促进家长在学生生涯发展中的成长。

3. 借鉴国外先进经验

瑞士专门设立了"子女节"，每年的这一天，父母都要带着孩子去上班，让孩子真正进入父母的工作岗位，了解父母的工作情况。英国特别重视将课堂教学与生活及家庭相结合，中学有专门的"设计和技术"课，每周上两节，一节是学习家务，如烹饪、缝纫以及学会使用电熨斗、电烤箱、微波炉、电缝纫机；另一节是学习简单的设计和制作，主要以木工活为主，如制作玩具、箱子、家具等。国外的经验就是父母要密切关注并积极参与学生生涯发展教育，通过设计具体的又贴近生活实际的活动，共同参与了解子女的个性特征、兴趣爱好、职业倾向，帮助孩子科学规划职业生涯，合理设计未来生活，指导孩子进行合理的升学和就业选择。

二、大学资源的拓展与利用

高中生涯发展教育要取得有效的认可，必须调动大学积极参与，建立行政管理配套、教学资源共享、教育对象一致、畅通的对话机制、长期的师资培育以及相关的生涯研究等与高校联动的生涯教育机制，通过育人目标、课程资源、知识提高、科学研究等方面的深度融合实现与大学有效衔接，助推高中生生涯发展。调动大学资源参与到高中生涯发展教育中来，可以从时间、内容、形式等方面来全面展开。

（一）从时间维度调动

调动大学资源参与生涯发展教育贯穿整个高中过程，并且延续到大学入学。整个过程实际上就是将大学资源引入到高中，建立一套具有高中特色的、承上启下的生涯发展教育课程，具体到生涯辅导体系的建构、生涯活动连贯性、生涯课程精准设计和实施以及生涯咨询理论的本土化研究。在生涯发展教育实施过程中，不仅要调动大学的教授和专家参与到日常的课堂教育活动中，还要利用假期和周末开展科技、文化以及职业的体验活动。根据教育内容的性质和时间，可将高中生涯教育活动分为短期的教育活动和长期的辅导项目。

（二）从教育内容调动

大学的人才培养、知识传播、文化传承和社会服务注定了其多元化的发展，高中和大学的共同之处在于人才培养。将大学的人才培养形式和内容引进高中，可以促进高中生生涯发展的多元性，促进其可持续发展。一是知识的拓展。设立大学选修课，通过网络课程、慕课、面授等形式，将大学中符合高中生的人文、历史以及科技课程引入高中，学生达到教学要求后获得相应的学分，升到大学后可以冲抵相应的选修课学分，即融通了高中与大学的知识，同时增强了大学的吸引力。二是能力的拓展。主要面对有创造力和特别优秀的学生，有针对性地培养其探索研究能力，主要是根据学生的生涯发展以及升学目标,由大学专家、教授开设工作坊或者体验班,针对基础性学科进行拔尖培养和学习,如物理、化学、数学、生物等,满足那些在这些方面有强烈发展愿望的学生。同时通过开设文献检索信息能力培训班,举行相应的学科竞赛以加强能力的培养。三是生涯教育具体的内容。大学教授、招生工作人员以及在校大学生讲授升学渠道、志愿填报、专业以及职业相关内容,以利于高中生了解相关信息,从而提高生涯选择的能力。

(三)从教育形式调动

大学要利于高中生涯发展教育,有很多可以借鉴的模式,不仅有传统的以课堂为载体的形式,还有辅以丰富的课外活动、户外活动、社区活动等,如定期开展大学校园开放日,在开放日期间为到访的高中生提供学业咨询,举办讲座介绍大学专业、奖学金申请、录取程序等,带领高中生参观校园、图书馆和实验室,并提供体验课程等。如在大学开办夏(冬)令营,一般都围绕着某个学科、专业或者职业发展的主题来进行,其是为了加深学生对某个专业的理解,项目一般为期1~2周,学生通过小组合作的形式共同解决问题。参与共同教育形式的人员,不仅有大学的教师、招生人员、高年级优秀学生,还有社区志愿者以及优秀校友等,从而形成了丰富的、专业的、相对稳定的支撑高中生涯发展教育的队伍。

三、社会资源的拓展与利用

生涯是一个复杂的系统,家庭、社区和社会发展都会对高中生的生涯发展产生影响。在开展生涯发展教育时,学校要多利用社区、家长、校友等资源。在社区资源利用方面,学校可与社区范围的各类组织和个人进行合作,开展社区服务、社会实践等活动,为学生搭建生涯体验和学习实践平台,邀请各行业的代表人士与学生面对面交流。学校可以依托家长委员会,面向家长开展生涯辅导讲座;也可以邀请部分有经验的家长来校开展讲座,或发挥家长自身资源优势为孩子提供职业体验机会。校友资源也是学校生涯发展教育广泛而持续的资源,可以定期邀请校友回校做专业和职业介绍,汇报个人生涯体验及成功经验,增强学生对专业和职业的感性认识,为学生生涯发展和选择提供参考。

第三章 高中生涯发展教育服务体系的建构

(一) 社区资源的整合

随着教育现代化程度的提高，教育的精细化分工更明显，特别是针对学生生涯发展教育的实施，社区中蕴含的课程资源的价值日益彰显，如校本课程、综合实践课程的开发，学生实践能力的培养等。社区中有丰富的师资资源，如社区中的离退休干部、企业界人士、专家学者、学生家长等都对学生的生涯发展教育具有重要作用。社区中的机关、工厂、商场、博物馆等单位和场地都是学生生涯发展学习的重要课堂。社会教育资源不仅是学校进行生涯发展教育的重要阵地，而且是学校进行生涯发展教育教学改革，开发本土化课程的一项重要补充。博物馆、科技馆、纪念馆、青少年宫等具有丰富的生涯发展教育价值，它们以翔实、直观、生动的实物、案例教育资源为依托，通过精心的编排布置，通过恰当的视觉、听觉等高中生喜闻乐见的方式，辅之以现代化手段，形象有效地传授给学生。学生在自觉、自愿和自主的状态下，通过立体的生涯发展知识的学习、经验的体验，提高了对生涯的感知能力、判断能力、把握能力。

(二) 企业资源支持

生涯发展教育毕竟不是学历教育，它需要大量的体验和实践环节来支撑，在广泛的社会资源中，企业是非常重要的一部分，它既是学校生涯发展教育资源的提供者，又是多年后学校生涯发展教育的受益者，相当一部分的生涯发展者将其作为自己生涯的目标，甚至投身到企业中为其提供长期乃至终身的服务。如瑞士、德国、美国等国家特别强调企业责任，各学校都与附近的企业有着密切的联系，使学生有更多的机会到企业去学习和体验。例如瑞士的企业不仅积极参与职业生涯规划教育，甚至还起到了主导作用。在瑞士，约有三分之一的企业承担了学徒培训义务，这些企业与学校一起制定教学和考试内容，为学生提供实习岗位及培训教师，还支付其部分工资；在美国，作为对企业工作的认可，各州职业教育办公室每年会向接收学徒的企业颁发一枚徽章，感谢企业参与培养专业人才。教育部门应广泛争取社会和企业的支持，从小学、初中开始就为学生提供职场体验的机会，这样才能使学生在高中阶段对各种职业有深刻的情感体验。要将请进来和走出去相结合，地方政府要融入企业资源开发的工作中去，设立专门的参与职业生涯发展教育的协调机构，整合当地丰富的教育资源。

第四节　高中学科教育与生涯发展教育的融合

一、高中数学教育与生涯教育的融合

职业生涯教育也被称为生涯教育，是关系到学生未来发展的教育。高中阶段是学生个人成长的黄金时期，这个阶段学生的自我意识、感知能力和知识获取急剧膨胀。因此，对高中生进行职业生涯教育非常必要。对于数学学科而言，其主旨是使学生了解数学学科的性质、内容、价值和前景，以及与数学相关的职业和专家，帮助学生明确职业目标，增强数学学习兴趣，树立职业理想，生成与数学学科相关的职业生涯意识，让学生合理地进行职业生涯规划。

（一）高中数学教学渗透职业生涯教育的必要性

1. 课程改革形势下的迫切需要

在日常教学过程中，将职业教育的概念渗透给学生，这是新课程理念的自觉认识。教师必须有意识地挖掘课程资源，打造生动课堂，使职业生涯规划与辅导巧妙地融入课堂教学活动中。学生的努力很重要，但是努力的方向更重要。在当今激烈的社会竞争中，完整的知识体系和工作经验有较强的优势，而高中生活是学生迈入社会前的练习与磨炼，认识和定位自己的专业，有利于为自己的未来发展提供一个明确的方向，使自己更专注于学习。通过专注于个人职业生涯规划与当前学科之间的联系，教师可以帮助学生分析自己的学习现状，评估当前学习状况和职业生涯目标之间的差距，弥补自己的不足之处，在反复学习和实践中增强竞争力。

2. 数学学科价值的重要体现

数学既是一门基础学科，又是其他相关学科的基础。学生步入社会，从事一些职业，如数据分析、软件开发、三维动画、国际经济与贸易、工商管理、电信工程、建筑设计等，都离不开坚实的数学基础和严密的逻辑思维能

力。由此可见，数学与应用数学是从事其他专业的基础。随着科学技术的发展与普及，数学与其他相关专业的联系将更加紧密，数学专业知识的运用将更加广泛。

（二）高中数学教学渗透职业生涯教育的对策研究

1. 挖掘教材中的职业生涯教育内容

有些职业可能关系到数学教材中的某一特定章节。数理逻辑是遵循主线功能出现的，某些章节具有建模功能和模拟功能，应用范围广，在经济学中往往需要建模以解决经济生活中的一些问题。这样的安排使职业教育和数学知识有机结合起来，相互促进，对于激发学生的数学学习兴趣，强化学生的学习目标和实践性有着积极作用。在这个过程中，有利于学生增加职业的熟悉度，激发学生的内驱力，有利于学生正确评价自己的优势和劣势，并开始探索自己感兴趣的职业。这样可以使学生体会到数学学习的重要性，让学生形成对职业的正确理解，体会到将来职业发展与高中阶段数学学习的密切联系。

2. 多渠道进行职业生涯教学的渗透

（1）利用网络资源，了解相关职业。

信息技术的飞速发展，为教育资源的多元化带来了可能。学生可以利用多种资源进行学习，如电视、网络、讲座、报刊等。学校可以建立以职业生涯教育为主题的官方网站，提供详细的职业信息情况。除此之外，还可以建立职业咨询活动中心，成立职业生涯教育服务机构，设置类似"职业链接"的小板块，或者给出一些职业网站的链接，让感兴趣的学生能够在课下深入地了解相关职业。

（2）设立校本课程，实行拓展教育。

虽然现在还没有将职业生涯规划课程纳入到学习课程体系中，没有将其设置为必修课，但是可以将其作为一门选修课。学校可以根据本地区的实际情况，开发有地区特色或者学校特色的数学选修课程，并将职业生涯教育（尤其是当地的主要职业和特色职业）渗透到数学课堂中，体现出生涯规划课程的价值和地位，这对于促进学生的个性发展，为本地区培养专业型人才具有重要意义。

（3）参加社会实践，增加职业体验。

为使学生对未来职业有一个更真实的认识，学校有必要组织学生参加社会实践活动。高中生的职业生涯教育也需要得到社会的广泛支持。一方面，政府相关教育部门应该在学校和企业之间牵线搭桥，让学生到工厂、机关、社区等进行实际参观与体验；另一方面，企业应该在力所能及的范围内，积极为学生的职业体验提供平台，提供周末或者寒暑假的实习机会。

总之，在高中数学教学中渗透职业生涯教育，由数学知识的学习导出相关职业，合理地将职业生涯教育内容融入数学教学中，从而有助于学生对已学知识的理解与巩固，提高学生后续知识与技能的学习兴趣。在满足学生个人和社会发展需要的前提下，促使知识与技能、过程与方法、情感态度与价值观三维目标的共同实现，使学校教育更适合学生的需要，同时也促进学科教学的健康发展。学生花一点时间来思考与探索自己未来想从事的职业，找到真正想做的事情，有了明确的目标，学生学习的主动性才会更强，学习效果也会更好。

二、高中生物教育与生涯教育的融合

在社会经济快速发展的形势下，劳动者面临着就业和再就业的巨大压力，而高中生对自己未来想要选择的职业还未形成深刻的认识，因此在高中生物教学过程中教师如何有目的、有计划地把生物教学内容和课程资源相结合，来对高中生进行职业生涯教育，进而启发学生"就业与适业""择业与创业""专业与职业"的人生思考是十分重要且迫切的。本书结合人教版高中生物教材中"与生物学有关的职业"栏目，详细探讨了高中生物教学中渗透职业生涯教育的教学策略，希望能够为以后相关内容的教学研究提供一些参考。

（一）加强高中生物教师对职业生涯教育的重视程度

在新课改的背景下，高中生物教材中的职业生涯教育是结合现实生活和学生未来发展而出现的全新课程资源。如果教师想要在教学过程中成功实现渗透职业生涯教育的目的，那就需要转变传统的权威型教学理念，提高对职业生涯教育的重视程度。教师需要了解学生的性格特点及需求，了解学生对未来职业的想法并及时给予帮助，即在高中生物教学中渗透职业生涯教育时，教师要充分引导学生积极参与有关职业介绍及宣传活动，使学生成为课堂教学活动的主角，从而开展职业生涯教育学习活动。例如，在"分子与细胞"这一章第四节"细胞的癌变"这堂课的教学中，我们可以利用多媒体播放十大因癌症去世的明星以及海里埃塔·拉克丝的故事，从而引起学生对癌症的关注以及对拉克丝的感恩之情。然后向学生讲解细胞癌变原因以及预防方式，在学生对细胞癌变有一定理解的基础上，向学生介绍这方面内容的职业应用，并渗透与此相关的职业——医院检验师，从而使高中生在提高生物学习与探究兴趣的同时，又能对自己的职业进行初步规划，使其以后的学习更具有目的性、计划性。

（二）在教学中加强学生自我认知能力的培养

所谓自我认知就是使学生对自己有一个充分的了解与认识，由此才能够做好自己将来的职业规划。因此在职业生涯教育中，教师首先要引导学生充分了解自己对某些事物的兴趣及爱好，也可以说这是影响学生做好职业规划最为重要的一个因素。例如，为了提高学生对生物学习的兴趣，在讲解"生态工程"这节课的时候，就可以让学生自由探讨经济发展与生态发展之间的平衡问题，并鼓励学生独立思考有效解决这个问题的操作方案。与此同时，我们邀请了有关专家为学生讲解了"太湖水体修复治理"方面的讲座，同时向学生介绍了当前我国的污水处理技术，使学生知道污水处理的重要性，以及祖国建设对专业人才的迫切需求，从而极大地促进了学生的社会责任感，明确了自己的职业倾向以及自我专业知识的不足，为职业意识的形成奠定基础。再如，在必修二第三章"遗传和染色体"课堂教学中向学生渗透遗传育种这一项职业，通过多媒体向学生呈现了杂交水稻之父袁隆平进行研究的过程以及其研究成果对中国乃至世界的巨大贡献，并向学生简单介绍水稻或者其他农作物高产的方式，由此使我们的高中生通过课堂教学进入自我认知的职业之中。

（三）利用生物科学史引导学生树立正确的职业观

我们的高中生物教学其实就是以科学史实为背景，对科学成果予以再现的教学过程，因此生物教学是对学生进行职业生涯教育的有效渠道。在"细胞的衰老和凋亡"这堂课的教学过程中，教师可向学生讲述科学家苏尔斯特对细胞凋亡研究的故事：苏尔斯特历经了10年的时间通过显微镜观察线虫的生长发育情况，在一个细胞变为两个细胞之后，认真分析与研究有哪些成为消化道细胞，又有哪些成为肌肉细胞。由于苏尔斯特经常转动座椅一边进行线虫的选择，一边进行解剖观察，因而致使地板都被转椅磨出了坑。简单的事情重复做，一做就做了10年，即使没有看到希望他也不曾放弃。功夫不负有心人，苏尔斯特成功了，并且在2002年苏尔斯特获得了细胞凋谢研究的诺贝尔奖。通过故事向学生传达了生物研究需要我们具有坚持不懈以及矢志不渝的精神，由此利用职业榜样的力量引导高中生树立正确的职业生涯观念。

总之，通过职业生涯教育融入生物学科之中，不但可以体现出生物学科知识在社会生活中的应用价值，还可以使教学中知识、能力和情感态度三维教学目标得到有效落实。这是帮助高中生顺利通过高考进入大学教育再到就业的一个良好过渡，使学生能够正确认识到自己未来所奋斗的目标，明确自己努力的方向。

三、高中历史教育与生涯教育的融合

高中历史内容丰富，在历史教学中进行职业生涯规划指导，能够让学生了解社会职业的划分以及从事一些职业所需的知识和技能。

（一）帮助学生认识自我

历史教材内容提要丰富多彩，所涉及的历史人物有思想家、政治家、科学家、文学家、艺术家。在历史教学中可有针对性地选择一些历史人物进行教学。在上人民版选修四第四单元《杰出的中医药学家李时珍》一课时，教师可为学生提供一些有关华佗、张仲景、李时珍的历史材料，并让学生思考：李时珍为什么会走上从医之路？李时珍为何能编写《本草纲目》？阅读材料，你从华佗、张仲景、李时珍三位杰出医学人物身上学到了什么品质？本课教学设计突出强调李时珍编撰《本草纲目》的艰辛过程，分析指出其身上执着坚定的信念，科学严谨的态度，勇于创新的献身精神。通过对华佗、张仲景事迹的初步了解，学生对我国中医学发展的概况有了初步了解，让学

生对医学职业有了基本认识：热爱医学、无私奉献、珍视生命、仁济天下。随后展示其背后的中医师、中西医师、针灸师、中医药剂师、中医推拿师等职业，简述其工作职责及内容，让学生对相关职业岗位建立主观印象，以开阔学生职业视野。

借助名人的成长经历和成就，引导学生获得人生启示，找到自己正确的人生目标，并坚定信念，促使学生真正为自身发展而不懈努力。在上《19世纪以来的文学艺术》专题时，可引用德国音乐家贝多芬、俄国作家列夫·托尔斯泰、罗曼·罗兰的《名人传》的材料让学生了解他们苦难坎坷的人生，体验他们的高尚品格和不向命运低头的顽强奋斗精神。教师引导学生向课外延伸拓展，培养学生生涯规划意识，帮助学生树立一个适合自己的人生目标。

（二）学生进行职业体验

在高中历史教学中，让学生对"我能做什么"和"适合做什么"有初步的体验。如《物质生活和社会习俗的变迁》一课教学设计中，教师根据教材内容设有四个子目，把班级学生根据自己兴趣分为服装组、美食组、建筑组、风俗组；要求学生了解各自领域发展的原因、概况、变化的特征、得出什么认识，并进行适当拓展、延伸，上网查询了解这些领域分别涉及哪些职业，哪些学科，就业前景如何，这样把职业生涯规划教育有机地融入到历史教学过程中，从而使教学设计的质量得到一定程度的提升。在学生学习中适当让学生关注一些职业生涯规划教育的内容，丰富历史课堂教学内容，增强课堂的趣味性，渗透学生的职业生涯规划意识。教师还可根据教学内容，采用角色扮演法，让学生对社会上的一些职业进行初步体验。如在《伟大的历史性转折》一课中，我让学生分为记者、国家领导人、生产队长、农民、厂长。根据教学内容需要记者设计相关问题采访国家领导人、生产队长、农民、厂长，这样学生在扮演角色过程中，需要根据自己的角色对教材进行深入挖掘，学生为了更好地扮演好自己的角色，纷纷上网了解相关角色信息，这样既加深学生对教材内容的学习，又让学生进行了一次职业的体验。

（三）培养学生职业意识

历史教学不仅要重视课堂教学，还应当结合教材内容进行课后实践教学，给予学生更多实践的机会，让学生能够在实践参与过程中提升自己的历史学科素养。在开展实践体验的过程中，教师也应抓住机会，做好职业生涯规划教育的渗透工作。教师可利用业余时间，组织学生到与历史学科相关的单位参观（县博物馆、县方志办、县图书馆、县档案馆、县旅游局），听取与历史学科相关的知识和职业情况介绍，将历史课堂延伸到生活中，深化学生对历史课程的认识、拓展职业信息。在学习必修二"对社区居民生活方式变迁的调查"时，教师给学生布置社会调查的任务，全班学生分几个小组去调查，并制订详细的调查计划，包括活动目标、活动准备、活动总结。这样不仅增长了学生的见识，让学生初步掌握了一些基本的社会调查方法，学习用历史的眼光看待问题，还有助于学生对知识的活学活用，学生亲身体验社会调查这一重要方法，提升学生对职业的认知及职业生涯规划能力。

职业生涯规划教育是必须实施的教育内容，高中是职业生涯规划教育的关键时期，重视对学生职业生涯规划教育的渗透，使学生能够正确地认识自己，从而明确自己的职业发展方向，为其今后的发展奠定基础。

四、高中英语教学与生涯教育的融合

在全球多元文化交流与碰撞的背景下，生涯发展的需求与困惑与日俱增，高中英语生涯教育实施应最大限度地引导学生进行自我探索、生涯探索、拟定生涯规划和作出生涯抉择，以达成生涯成长和潜能开发，最终实现个人发展与社会进步。在高中英语教学中，学生有计划地实施并主动参与体验活动项目，最终实现自我生涯教育和生涯发展的功能，如自我认知、教育认知、生涯认知、作决定、就业技巧等，与此同时，教师作为引导者，应激发学生的兴趣，调动其积极性，帮助其达到生涯发展的目的，促进其了解自我及进行生涯认知，提高其生涯决策能力。

（一）增强学生生涯规划自觉

人教版高中《英语》必修四 Unit 1 Women of achievement 以简·古道尔（Jane Goodall）——一位将毕生奉献于研究和保护黑猩猩的女性为例，激发和培养学生保护野生动植物和环境的意识。在阅读后的拓展环节，为了使学生了解成功需具备的良好品质，激发他们尤其是女生的自信心、事业心和社会责任感，建立正确的性别观和价值观，教师可以进行问卷调查，主要从认识"我"的角度引导学生思考自己是否适合动物学家这个职业，从兴趣爱好、特质、能力、价值观等维度，对"我"的特点进行盘点；还可以引导学生进行"自己的视角"的思考：独一无二的"我"是怎样的一个人呢？我和别人的不同之处在哪里？要正确认识自我，需要从哪些角度来全面、客观地了解自己？陶行知说："培养儿童的创造力要同园丁一样，首先要认识他们，发现他们的特点，而后予以适宜之肥料、水分、太阳光，并须除害虫。这样，他们才能欣欣向荣，否则不能免于枯萎。"所以，英语教师要有意识地引导学生掌握自我认知的方法，如比较法、自评法、他评法、心理测验法、社会实践法等，从而为自身的职业生涯规划提供参考和理性定位。

（二）拓宽学生生涯规划视野

人教版高中《英语》必修一 Unit 5 Nelson Mandela—a modern hero 以埃利亚斯（Elias）的视角，讲述他与纳尔逊·曼德拉（Nelson Mandela）的交往经历、南非黑人所遭受的不公正待遇，以及他们争取种族平等的斗争历史，从而凸显纳尔逊·曼德拉的高贵品质。文本使学生充分意识到黑人为争取自由和平等权利而进行的艰苦卓绝的斗争，以培养其不畏强暴的品质，引导其树立正确的人生观。

学生了解到纳尔逊·曼德拉作为威特沃特斯兰德大学毕业的律师，为黑人的合法权益而奋斗会深受激励，面临专业选择时，无意中会思考：Why not carry on his goodwork? 所以在这堂课中，教师可以在完成文本阅读后进行生涯教育，引导学生思考：To do a good job like him?What major should I choose? 在拓展活动中，教师可以与学生探究"生涯觉醒"板块的内容，让他们进行"专业透视"。学生会初步了解到不同的专业所学课程不同，培养的专业技能也不同，每一种职业都有其独特的职业素养；高中时代，学生应根据自身的职业规划，选择合适的学科和大学专业，培养职业素养；职业发展存在优胜劣汰的问题，科技进步的速度即职业兴替的速度；学生需要具备应对变化的能力，及时调整自己；在选择专业时要"知己知彼"，综合考量自身学科学习情况，明确学校培养方向、国家就业政策、经济社会形势等外部因素，从而为未来职业发展和幸福美好人生奠定基础。

(三) 提高学生生涯担当意识

《普通高中英语课程标准（2017年版）》提出要关注学生的情感。学生在学习英语的过程中，要提高独立思考和判断的能力，发展与人沟通、合作的能力，增强跨文化理解和跨文化交际的能力，树立正确的人生观、世界观和价值观，培养高度的社会责任感，提高人文素养，这一理念与生涯教育不谋而合。所以，高中英语生涯教育肩负着立德树人的重任。

总之，在高中英语教学中，教师应重视英语学科工具性与人文性的双重性质以及英语学科核心素养，即语言能力、文化意识、思维品质、学习能力相互依存的整体性和相互融通性，有意识地将生涯教育贯穿日常教学，充分挖掘教材中的生涯教育资源，适时建立学生生涯发展记录册及学习成长评价表，践行陶行知"爱满天下"的理念，懂得教育艺术，因材施教，扬长补短；在英语教学中充分运用多元智能理论和生活教育理论，帮助学生正确认识自我、职业与专业，引导他们将学习与未来的生涯发展关联起来，树立规划意识、职业意识及正确的学习态度和人生观。

五、高中语文教学与生涯教育的融合

在高中语文教学中融入职业生涯规划的目的是通过语文知识的教学，帮助学生形成对自身生涯规划的意识，并以正确的思想引导学生建立良好的职业生涯规划。从高中语文教学角度来看，职业生涯规划教育是由教师引导学生对自身进行评价整合的教学理念，以名著典籍中的观念和精神文化作为自身发展的基础和支持，从而确定自身的职业生涯目标。

（一）在高中语文教学中融入职业生涯规划的意义

高中语文教学作为职业生涯规划教育中的重要影响因素，应当从自然、社会和自我三方面对学生的职业生涯规划进行调整和探求，以迎合当下全面发展的素质教育思想。而高中语文教学课程在人文精神与民族精神上使学生受到优秀传统文化的熏陶，学生的人生规划在成长与文化的多层面认知中确立，在学习和实践中实现职业生涯规划教育。高中语文的教学内容从其内涵来说，常有涉及对学生的职业生涯规划教育有启发性的篇目、主题，且作为一门具有工具性特点的学科，在学生的未来发展中也会持续发挥作用。现今的语文教材通过严格的编写和校对，在文章内容上都对学生有着内在的影响作用，能够引发学生对世界各类事物的思考和领悟，以用作职业生涯规划教育的施行，也使其可行性强化了许多。因而，在高中语文教学中融入职业生涯规划教育，能够同时展现语文学科的传统文化内涵和思想文化底蕴，在学生的兴趣基础上，有效提升职业生涯教育的执行力。从学生自身发展角度看职业生涯规划在高中语文教学中的应用意义，许多高中并不具备专门的指导教师及课程，但高三学生面临毕业就业或选取大学专业等问题，为此急需教师的专业指导。职业生涯规划可帮助学生对自己的能力水平进行全面的了解，从而明确自己的职业倾向，便于学生在了解社会就业形势的前提下慎重选择大学主修专业。除此之外，职业生涯规划教育还可以达到发掘学生潜能的效果，促使学生掌握应对社会竞争所需的知识经验、综合能力及职业素养。

（二）在高中语文教学中融入职业生涯规划教育的方法

1. 在语文教材中发掘生涯教育元素

高中语文学科因其具有深厚的文化底蕴，包含了各类思想观念及生涯教育元素，而深度挖掘教材中的生涯教育元素则是实现职业生涯规划教育的重要途径。高中语文教师在课堂教学中可以在教材的基础上为学生展开相关知识的拓展，并以此创设情境帮助学生感受生涯教育，尽可能以轻松和谐的学习环境来提高学生的课堂参与度，从而保障课堂教学效率及质量。

例如，在《鸿门宴》一文的教学中，教师可以通过拓展《史记·项羽本纪》中的段落来详细分析项羽这个人物的精神、形象。《史记》中写道："项羽引兵西屠咸阳，杀秦降王子婴，烧秦宫室，火三月不灭。"项羽取得这样的功绩后有人建议项羽"关中阻山河四塞，地肥饶，可都以霸"，但项羽却"心怀思欲东归"。这段中描述项羽大胜后希望衣锦还乡，而不愿定都关中，因此还将建议者烹杀。而几乎同样的情况在刘邦身上却是不一样的发展，《史记·刘敬传》中，刘敬曾对刘邦说"因秦之故，资甚美膏腴之地，此所谓天府者也"，并指出长安"案秦之故地，此亦搤天下之亢而拊其背也"的优势，刘邦听后不仅没有像项羽一样处死刘敬，反而赐姓并拜为郎中。可见刘邦志在天下，而项羽却并不是，因而最终项羽的失败并不是上天不助，而是在于其自身的抱负和性情。

2. 在语文教学活动中体现生涯教育理念

高中语文的课堂教学主要由"听、说、读、写"组成，而这几项都是思想观念的具体体现形式，因此，教师应在教学活动中融入社会生活、事件，在情感和实际中同时融入职业生涯规划教育的理念，引导学生将职业生涯规划教育与自身未来发展进行密切联系，从而使学生在语文教学活动中自愿自主地配合教师，将职业生涯规划教育真正发挥作用。

3. 在经典阅读中增强学生的生涯规划意识

阅读作为学生发展进步的有效路径，不仅能提高学生的文化水平，还能够在阅读的过程中使学生得到精神和人格层面的养分，帮助学生建立独立的思想观念和个人生涯规划意识。通过阅读教学可以达到"润物细无声"的效果，为此，对于高中语文教师来说，在教学中引导学生进行必要的课外阅读，对提升职业生涯规划教育的整体效果具有重要的现实意义。

例如，教师可以引导学生阅读一些新课标的指定名著篇目，如《约翰·克里斯朵夫》。这本书中主要描绘了主角作为一个音乐天才，热爱音乐并将音乐作为自己生命中的主要动力，而这份动力促使着他同命运抗争，并在这种抗争下抵达自己的艺术生涯巅峰。书中有这样一句话："你不必害怕沉沦堕落，只望你能不断地自拔与更新。"约翰克里斯朵夫展现的是一种超然的、对梦想和自由生命的追求。学生在阅读这本书时，通过约翰克里斯朵夫对自己所追求事物的明确态度，可以对自身有所启迪，包括关于对生命中事物的追求、对自己人生道路的规划等。而教师在学生的课外阅读中也要起到适当的引导作用，进而更有效地将职业生涯规划教育融入学生的学习、生活中。

高中语文作为学生教育生涯中重要的一门学科，教师不仅应传授学生基本的教材知识，更应以综合素质教育为主，在教学中加入职业生涯规划教育，使学生在高中语文的学习中逐渐找到自己的人生目标。而这就需要教师在教学活动中不断更新自身的教学理念和教学方式，将学生未来的成长、发展视作第一位，着重培养学生的学习能力和思维模式，为学生今后的职业生涯奠定基础。

第四章 高中生涯教育主体实践履行建议与思考

生涯能力能够影响学业生涯规划的执行效果和完成程度,"纸上得来终觉浅,绝知此事要躬行"。当学生有了一定的发展目标,但却在现实的学习生活中陷入错方向、低效率的误区时,或是因学习产生压力,寝食难安时,也有不少高中生被复杂的人际关系所困扰而分散精力。这些都是在高中生涯中可能出现的问题,本章详细探讨了应对以上问题需要培养的能力,以帮助高中生调整好学习心态。

第一节　学生提高自身生涯规划意识

一、主动了解生涯规划内涵

高中生正处于人生发展的初期,在这个阶段,学生将面临着人生的一次重大选择,因此对学生来说树立正确的生涯规划观念是非常重要的。在树立正确观念的基础上学生还要提高自我认知能力,自我认知是一切规划的起点,只有先认识自我、发现自我才能做出最适合自我的决定。因此,首先,学生应充分发挥主观能动性,深入发掘自己的性格特点和兴趣特点,总结自己的优势和缺点,全面了解自我。其次,学会倾听别人的意见。学生可以动用身边的教师、家长、朋友等资源,全方位了解别人对自己的评价,发现自身隐藏的能力和特质,为将来做出规划或为决策做准备。最后,相信科学的力量。西方很多国家的研究者都发表了职业、兴趣等相关量表,如霍兰德的职业兴趣测评问卷、MBTI个人性格测试、舒伯的生命彩虹图等工具,全面了解自己的个性特征、兴趣类型等,以便更好地了解自己。

二、学会用发展的眼光规划人生

一直以来,有些学生慢慢产生了只重成绩不重发展的倾向,提起学科成绩学生知道的很多,他们会告诉你多少分可以排多少名,多少分可以考什么大学什么专业,但当问起学生,你知道这个学科与专业之间、职业之间有什么联系等问题时,却没有几个学生可以回答得出来,可见这些学生的眼光仅仅局限在了分数上，只看到了眼前的"利益"。很多学生一提生涯规划就自动和如何选课拿到好分数、考取好专业联系起来，认为生涯规划就是为了新高考改革要求的"6选3"而出现的，高考完就可以不用管了。他们没有意识到发展才是目的，而生涯规划只是为了学生获得更好发展的手段，正如一句话所说"如果把手段变成了目的，那么将永远到不了彼岸"。

三、在实践中发现和发展自我

要把高中生参加社会实践活动作为职业生涯教育内容的一部分，学生应积极主动地参与对自身发展有帮助的实践活动，在活动中锻炼自己，并且获得实践经验，为未来的发展做好准备。首先，利用学校的课程资源，学校开设的课程都配备有专业的教师或者专业的生涯规划人士，他们有丰富的生涯规划教育经验，因此学生应积极参与此类课程，在教师和同学的帮助下了解自己。其次，积极参与社区相关活动。随着社会的进步与发展，现在有很多社区都建设了自己的活动中心，经常举办一些社区活动，学生们可以积极参与，了解社会，从而找出他们想要的未来。最后，积极参与高校或相关单位举办的夏令营等参观调研活动，了解社会上不同机构不同职业人的生活和要求，为将来的选择做出准备。这样可以更直观地了解职业的性质，帮助自己更全面地了解社会和对自己的能力进行评估，从而在下一阶段的学习中取长补短，不断进步；社会、学校和家长也应该积极地尽到责任，政府应该制定相关政策，估计学生进行社会实践，为其社会实践提供单位、工厂等平台。学校应积极地组织学生开展各种实践活动，调动学生积极性。学生家长也应该通过自身的经历对学生进行职业教育和指导，可以带领孩子到自己的工作单位进行参观考察，使其接触到父母的工作环境，给孩子更直观的学习体验。在对职业的了解过程中，也能逐渐地建立自己所要学习专业的兴趣，为今后大学教育中正确选择专业起到积极的作用。学生体验学习活动可以结合校外教育资源进行设计，如聘请校外专家为学生做生涯规划教育的专题报告，邀请优秀毕业生、家长代表讲述他们的职场感悟，解答学生职业选择时的困惑；制定家长与学校定期联系沟通制度，组织召开家长座谈会，让家长亲自参与到学生的生涯教育和规划中来；组织学生参与社区活动，参观社区职业介绍中心，使学生树立职业精神，提高职业素质。学生体验学习活动还可以结合参观、见习形式进行设计，如组织学生到社会人才中心参观，了解相关专业的设置、就业情况，感受未来就业可能面临的各种场景，明确招聘单位对不同专业人才的具体要求，帮助学生建立职业目标；组织学生利用假期，深入社会，走进企业，通过实地见习体验，了解从业所应具备的基本素质和能力，并将个人兴趣、爱好与社会需要初步结合起来，为今后职业选择奠定基础。

学生不仅要在实践中做出规划，还要在实践中及时修正规划。学生在做出规划时一定要想清楚"我要做什么""我能做什么""我为什么要做"，即要清楚自己发展的目的，再根据自己的目的做出规划。学生应该注意根据自己的实际进行规划只是第一步，更重要的是将自己的规划付诸实践，否则规划将毫无意义。在具体实践的过程中，首先，制定符合自己兴趣和能力的规划。规划应分为两个部分：短期规划和长期规划，短期规划主要针对自己当前的需求，比如提高自己的学业成绩、具体的学习目标等，而长期规划要注意思考自己未来的发展方向。其次，根据自己三年的学习时间，详细做好时间分配。时间分配也可以分为短期和长期，短期目标应具体一些，如"我今天要用多长时间背会一篇课文等"。再次，在计划实施过程中，定时反思。古语说"吾日三省吾身"，因此应该及时检查自己计划的实施情况以及如何完成的。最后，根据自己当前的状态，适当调整规划。规划不是静态的，可以根据实际情况进行调整，直至完成。

第二节　家长转变生涯规划教育方式

对学生来说，每天接触最频繁的就是教师和家长。教师有班主任、其他教师等，他们对学生来讲都只是一个职业，那就是教师。而家长不同，同一个家庭可能由来自不同职业和岗位的家长组成，因此在生涯规划教育的过程中不能忽视家长的作用。学校应利用好丰富的家长资源，通过多种渠道吸引家长主动参与，家长也应转变自身观念、积极配合学校。

第四章 高中生涯教育主体实践履行建议与思考

一、转变生涯规划教育观念

家庭是培养孩子正确价值观和世界观的重要场所，家长应主动担负起孩子生涯规划教育的责任，积极配合普通高中，共同培养学生的生涯规划意识和生涯规划能力。随着对学生的生涯规划教育越来越多的重视，各高中学校都做出了不同程度的努力，如指导各个班级邀请职业背景不同的学生家长来参与学校的主题班会、布置课外活动、带学生参观自己的工作场所、陪同学生参加主题活动等等，这些措施不仅增加了孩子对社会职业的了解，增长了孩子的职业见识，也提高了家长的生涯规划意识。这些措施的顺利进行离不开家长的支持与配合，因此家长应转变观念，积极配合高中学校，共同促进学生的生涯发展。

二、提升生涯规划教育知识

父母的受教育水平与学生的生涯规划意识和生涯规划能力有着很大关系，父母文化程度较高的学生生涯规划意识和能力均高于父母文化程度较低的学生。因此，作为家长，要努力提高自己的文化素质水平，主动学习生涯规划教育相关的知识。家长提升自身素质的途径有很多，首先可以从网上或者一些公益讲座了解一些高中生的身心发展特点和生涯规划教育的相关知识；其次可以通过闲暇时间参加学校或社会上举办的一些进修班，增加自己对生涯规划的了解；最后家长可以通过结合自身职业特点进行思考，向学生们传递正确的生涯规划观念。高中生对社会认知的程度较浅，当面临一些选择时很可能会出现无所适从的现象，因此就需要家长储备好相关知识，当孩子遇到选择需要帮助的时候，可以及时地给予孩子一些帮助和建议。

三、创造积极的生涯规划环境

家长要为孩子创造积极的成长环境，适度锻炼孩子。长期以来，家长更多地希望学生们在普通高中教育阶段可以专注于学业，其他的事情都习惯于自己一手包揽。当孩子面临选择时家长会首先站出来替孩子"排忧解难"，以至于孩子还没有自己思考就有了答案，甚至有些家长采取专断的态度不让孩子选择，让孩子走父母为之规划好的人生。在这种环境下，孩子会对父母产生依赖，进而失去自己的独立意识，失去成长的能力。因此父母应该意识到孩子是一个独立的个体，他们拥有自己主动选择的权利，父母要做的就是学会适时放手，多给孩子一些主动探索的机会，让孩子们学会自己去分析自身所处的情境，了解自己的能力和环境，从而做出最适合他的选择。家长更多的是引导而不是一味地挥舞"指挥棒"，只有给他们一个积极探索的环境，孩子才会更自信、更独立地去畅想自己的未来，规划自己的人生。

第三节　学校重构生涯规划教育体系

学校是生涯规划教育的主阵地，因此面对新高考改革，学校应主动承担责任，加快生涯规划教育教师、课程等建设，并结合学校实际将生涯规划教育融入日常的学科教学中去。

一、强化学科渗透生涯规划教育

调查与访谈中发现，一些教师偏离了生涯规划教育的引导学生主动发展的理念，主要产生了两方面的偏差：一方面是缩小了生涯规划教育的内涵，认为生涯规划教育只是对学生们选课、选考的指导；另一方面认为生涯规划教育与学科教师无关，是专职教师的任务。由于部分教师对生涯规划教育的不理解导致他们主动参与学生生涯规划教育的积极性不高，因此学校应充分重视目前教师意愿的现状，通过教师进修、培训等方法，使其正确认识生涯规划教育的内涵与方法，主动加入到生涯教育的队伍中去。

专门的生涯规划课程是必要的，但是通过学科渗透的方式也必不可少。与学科结合可以使学生们更容易理解各学科与自身发展的联系，在访谈中也有教师认为："我觉得每个教师都很重要，高中教师的教学任务都很重，所以我们教师更应该一起合作。因为每个教师的专业背景不一样，知识不一样，每一位教师都应该参与到对学生的生涯规划教育中来。"关于学科渗透生涯规划教育，国外许多国家都进行了不同的尝试，例如美国将生涯规划的内容通过"小栏目"的方式有计划地编入普通高中的教科书中，教师在上课的同时也可以根据教科书中的内容对同学们进行渗透教育。这种方式不仅是学生们意识到学习该学科的重要性，也了解到该学科与将来专业选择、职业选择之间的联系，进而制定出合理的学习目标等。

二、开设专门的生涯规划校本课程

课程是进行生涯规划教育的重要途径，但目前政府相关部门还未明确规定要在普通高中统一设置相关课程。因此，学校可根据自身的发展设置相关的校本课程。开设校本课程的方式有很多，学校可以组建教师队伍自己研发，也可以寻求"外援"，与地方高校或其他学校进行合作，共同开发课程。例如，D高中与某高校进行合作，开发了一系列校本课程，并编制了专门的生涯规划课程活动手册，供学生上课使用。

活动手册包括四个部分的内容：前两课的主旨为了解生涯规划教育的意义，包含生涯定位和自我管理两部分；第三课到第六课是人格认知与职业匹配；第七、第八课为价值观认知与职业匹配；最后一课是兴趣认知与职业匹配。课程主要以活动为主，每一节课程都由3~7个课堂活动构成，包括生涯规划理论的介绍、案例、专业的心理测试等内容。

三、加强学生的职业咨询和指导

（一）引入职业兴趣测评系统

引入职业生涯规划辅助测评系统或软件，引导学生进行自我测评，也是一种行之有效的职业生涯规划的辅导方式。例如，山东潍坊市坊子区崇文中学用一款专门为中学生设计的生涯规划辅助系统对学生的兴趣、性格、能力、职业倾向分别做测试，电脑自动为学生生成一份独具个性的职业倾向测评报告。通过这种测评，学生可以清楚地知道自己的特点，自己适合什么样的职业，从而增强学习的动力、目的性和自觉性，少走弯路，为自己谋求一个幸福的未来。

根据美国著名的职业指导大师霍兰德的观点，"兴趣是人们活动的巨大动力，人们对有兴趣的职业，都可以提高其积极性，促使其积极地、愉快地从事该职业，并有助于在该职业上取得成功。"经过长期实践研究，他编制出《霍兰德职业兴趣测试表》。该测评具有较高的准确性，大量应用在指导求学、求职、工作转换等方面。普通高中学校可以利用网络资源，引进类似的测评软件，为学生量身打造适应自己的职业兴趣反馈表，让学生更有目标，更有动力，更有兴趣。这样，再对学生实行职业生涯规划教育就水到渠成，针对性和实效性就更强了。

（二）建立学校职业咨询和指导中心

众所周知，每个学生的职业生涯规划都带有强烈的个性特征，单一的课堂渗透难以满足所有学生的需求。所以，很有必要建立学校职业咨询和指导中心，为学生提供富有个性化的职业咨询和指导。笔者建议可以采用如下方法：不够条件单设职业咨询和指导中心的学校，可以依托学校心理咨询室来开展职业咨询工作；有条件的学校可以联合本地高校在学校设立"职业生涯规划专家咨询和指导中心"，给学生提供最权威的职业咨询和指导。

咨询中心的职业指导形式除了面对面的谈话外，还可以利用网络建立"学校职业指导网站"，定期发布职业生涯规划教育的相关资料、宣传图片、视频和成功案例，以及学校开展的一些职业生涯规划课程和活动资料并实时更新。另外，也可以利用网络建立"××校职业生涯规划家校合作交流群"，要求学生、家长、班主任和具备职业生涯规划指导资格的咨询老师加入该群，在网上交流职业信息、就业渠道和志愿选择，家长之间，学生之间还可以互相帮忙，互相交流，共享源源不断的职业资源，这种方式减轻了光依靠学校进行职业指导的压力，拓宽了高中生职业生涯规划教育的渠道。

四、拓宽高中生生涯规划教育途径

（一）探索生涯规划教育课程

为使高中生生涯规划教育有效、顺利进行，学校在开展高中生生涯规划课程教育前必须做好以下工作：首先做好高中生生涯规划教育课程调研工作，调查学生、教师生涯规划意识和需求，为课程设置标明方向；其次要从学校管理上完善高中生生涯规划课程教育体系，完善高中生生涯规划课程教育相关制度和规范；最后要对教师进行分阶段、分层次的培训。

（二）开展生涯规划教育实践

从理论认知到教学实践是一个漫长的过程，但只有把高中生生涯规划教育的理论和内容付诸实践，才能真正让高中生生涯规划教育发挥积极作用。普通高中应该将生涯规划教育实践纳入全校视野范围中，由学校负责人亲自领导，教学副校长、德育副校长通力配合，由课程中心牵头，并协调与其他部门的关系。课程中心主要负责总体设计、课程研发、教材编写、师资培训等工作；教务处则负责课程安排、师资安排、课程评价、学生评定等工作；学生处则负责生涯指导、社团实践、社会实践、家校共育等工作。高中生生涯规划教育在课程构建、课程实施、实践活动等方面都得到了专业的管理，有抓有放，各部门各司其职，管理运行顺畅。

第一，学校鼓励教师参与学校生涯规划教育，通过绩效考核或者其他鼓励政策，引导教师去钻研和学习，并通过教育实践来展现学习成果。

第二，设置生涯规划教育专业课，成立生涯导师制，让教师亲自实践，在生涯教学实践中真正对生涯规划教育做更深层次的认知和研究。生涯规划教育之所以有魅力，是因为它不单单顾于眼前，更不仅仅着眼于高考，而是面向未来乃至整个人生，它关乎人的幸福感知，为学生的一生奠基。相信在生涯规划教育实践中，越来越多的教育工作者能通过他们对于职业规划与生涯教育相关知识的学习与应用，帮助更多的高中学生。

第三，高中生生涯规划教育作为一门新兴的基础性学科，在国家没有统一管理标准的情况下，必须由学校统一管理，分步实施，才能有序顺利开展。从学校管理架构上讲，不能将生涯规划教育视为与其他一般课程教育相同的地位，因此某些学校将生涯规划课程教育管理放在学生管理或者教学管理中是不合适的。高中生生涯规划教育课程是一个综合性的学科，所涉及的教育也是全方位的教育，如果将其完全纳入学生管理之中，那么其课程开发、课程授课将不够专业，如果将其完全纳入教学管理之中，那么其社会实际、社团活动的管理也将十分困难。

第四，开展生涯规划实践活动。可以利用综合实践活动的课程平台，利用寒暑假和小长假进行生涯规划实践活动，活动形式是任务式的，比如"父母职业体验""生涯人物访谈""职业场所探访""走进心仪大学""开放实验室""职业职场调研""一日无钱生存"等主题活动，让学生在安全的前提下，通过完成任务获得职场经验和职业体验。当然，有条件的学校还可以和机关、单位、企业联系，尽量深入职业和职场，进行一段时间的体验，就会更有效果。利用寒暑假开展上述活动，不仅能让学生取得鲜活的生涯经验，而且学校也可以取得良好的社会效益。

（三）加强生涯规划个体指导

生涯规划个体指导主要指对学生进行"一对一"指导，它的雏形是校内心理咨询室，最初主要由心理健康教师兼职开展指导工作。比如，重庆市某高中设立了心理咨询室，除了对学生开展心理咨询外，还兼职生涯规划教育"一对一"指导工作，为学生（尤其是即将面临新高考分科的学生）答疑解惑。

一方面，生涯规划教育的个体指导要以立德树人为根本，借鉴心理学科的部分方法，以奠定幸福人生为导向，运用科学方法，指导学生增强自我认识，引导学生树立以社会主义核心价值观为指导的生涯发展理念，促进学生在成长过程中学会选择、学会规划、学会管理、学会成长，成为社会主义新时代有用人才的发展性教育活动。

另一方面，生涯规划教育的个体指导需要教师了解各个高校的选考科目要求（在新高考模式下）、大学专业简介、院校简介、智能选科测评、高考投档分数线等信息。生涯规划教师要不断加强自身学习，不断搜集有效信息，为个体指导提供服务。

五、高中生涯教育的师资建设

高中生涯教育师资支持体系的构建要围绕师资建设所面临的重点、难点问题开展，从制度建设、人才培养、专业发展等方面入手。

（一）建设多位一体的制度体系

高中生涯教育师资制度体系的建设是多位一体的，是涉及国家、省、市、县、校多级的制度建设，其目的在于通过"赋权"而实现"增能"。回应师资建设所面临的困境，制度体系的建设至少要关注三方面的问题：教师的职业身份问题、教师的专业标准问题和教师的工作权利问题。

1. 通过完善职业制度明确职业身份

全面普及高中生涯教育、培养高中生生涯规划素养，生涯规划教师必须从兼职向专职转变、从单一来源向多样构成转变，逐渐建立稳定的、多元的高中生生涯教育师资队伍。专职的实现需要从制度上将高中生涯规划教师纳入到教师队伍中，通过设立专门系列、增加编制、给予经费、增设专门岗位来保障高中生涯规划教师的职位身份，使高中生涯规划教师正式成为教师职业的重要一员，而非一个不稳定的工作角色。师资队伍的结构合理同样需要制度予以保障，应以制度的方式确定师资队伍的结构、人员、职责，形成科学合理的师资队伍。如英国教育部以政策明令规定学校生涯规划教师的设置，英国高中的生涯教育师资队伍有设于校内的专职人员，也有外聘的生涯顾问；对于不同的人员职责也有明确的制度规定，从而有力地保障了生涯教育师资队伍的建设和生涯教育的实施。[①]

2. 通过建立专业标准明确素养要求

2012年，教育部印发了《中学教师专业标准（试行）》明确了所有中学教师需要具备的基本专业素养，推动教师职业专业化的进一步发展。"讨论教师的专业素养，必须基于教师对所任教学科（专业）的知识体系、育人价值、实施方式等的深刻认识"，在推进教师职业专业化的过程中，教师学科专业标准也是不可忽视的领域，是推动教师职业向更高水平专业化发展的必经路径，是促进教育教学水平提高的重要手段。高中生涯教育教师的专业素养同样需要结合其所肩负的教育使命、所需的专业知识、专业技能等综合品质进行明确，要综合考虑教育实践需求、教育理论研究、教育政策逻辑，从国家层面发布高中生涯教育教师专业标准，明确高中生涯教育教师的专业素养要求，为高校人才培养、地方教师制度完善、学校师资队伍建设提供专业指引。

---

① 庞春敏，张伟民，劳汉生.基于"盖茨比标准"的生涯教育改革——英国新一轮生涯教育改革与启示[J].外国中小学教育，2018(10)：35-44.

3.通过完善工作制度实现教师制度化行动

制度化行动是相对于非制度化行动提出的,是指教师在既有制度的框架内,合法地、理性地实施教育教学行动,享受制度所赋予的权利,履行制度所规定的义务。与非制度化行动相比,制度化行动具有合法性、稳定性、规范性。实现高中生生涯教育教师行动的制度化是解决当前由于工作制度缺失而导致的行动规范不足问题及进行高中生涯教育师资队伍建设的有效措施。高中生涯教育教师的制度化行动的实现起码要从校本层面建立三个方面的制度。一是师资队伍管理制度。每所学校的校情不同,对生涯教育师资队伍的建设策略不同,有学校以心理教师为主,有学校以政治教师为主,有学校以班主任为主,有学校综合各科教师组建,无论是何种建设模式,都需要以制度的形式进行明确,赋予教师行动的权利,明确教师行动的义务。二是课程管理制度。要将高中生涯教育课程合法化,对于课程类型、课程设置、课程实施等应从制度层面进行确定,明确课程的授课对象、授课时间与空间,为课程的落实提供制度保障。三是校外合作制度。高中生涯教育需要校外力量的大力支持,要建立稳定的合作关系就必须以制度的形式进行确认,以保障教育的稳定性和有效性。

(二)探索有效的人才培养机制

高中生涯教育师资队伍的建设面临数量要增、质量要提的问题,人才短缺必须通过探索建立有效的人才培养机制予以解决。在我国中小学师资队伍人才培养主要依托高等院校的情况下,必须更新高等院校的人才培养模式,基于需求导向对高等院校学科专业进行优化,对人才培养机制进行调整。一方面要逐步在具备条件的高等院校的本科阶段试点设立"生涯教育 / 生涯指导 / 学生发展指导"等相关专业,以教育学或教育心理学为学科基础,从本科阶段起培养高中生涯教育师资队伍后备人才,以满足全面开展高中生涯教育的需求。值得注意的是,一方面,"生涯规划"虽然是关涉心理学、管理学、教育学和社会学的命题,但是"生涯教育"从其本质而言应当首先是一个教育学命题,高中生涯教育师资队伍人才的培养要以教育学科为基础,凸显教育的价值取向。另一方面,应当借鉴国外的人才培养经验,以高等院校为依托,开设生涯教育证书式课程,面向具备一定学历、符合教师资格要求、有条件、有意愿成为生涯教育教师的人群开设课程,以此丰富高中生涯教育师资队伍人才来源,提升心理教师等相关教师的生涯教育胜任力,为人才转化提供通道,如表4-1所示。

表4-1 英国生涯规划教师培训课程

项目	内容
证书	生涯教育证书文凭(Diploma in Careers Education)
证书提供者	诺丁汉特伦特大学(Nottingham Trent University)
课程内容	生涯教育教学设计与规划(必修,20学分) 生涯指导的概念(必修,20学分) 劳动力市场信息(选修,20学分) 生涯教育的跨课程结合(选修,20学分) 独立的学习项目(选修,20学分)
授课方式	这门课程是部分时间制课程,学员需修满60学分的课程,包括10～20学分的选修课程。这门课程包括若干模块,每一模块由指导教师教授2～3天
考核方式	学员需要完成每一模块的课程作业或者3000～5000字的调查报告

(三)构建系统的专业发展支持体系

教师专业发展是教师通过不断的学习持续地提升专业素养的过程,贯穿于教师职业生涯的始终。有效的教师专业发展既需要教师的主动投入,也需要外在条件的支持。教师专业成长应该从形式、内容和师资上构建功能齐全的支持体系,包括开展有效的培训、提供内容丰富的学习资源、创建专业的教师发展指导团队[1]。基于我国高中生涯教育师资队伍薄弱的问题,有效的培训需要具备几个特点:科学性、系统性和针对性。应当打破目前培训系

---

[1] 席梅红.中小学教师专业史发展实践指导体系建构[M].广州:广东高等教育出版社,2018:55.

统化程度低、针对性不足的困境，针对当前的教师成长需求，设计科学、系统、分类明确的培训课程，分别面向专职教师、学生发展指导教师或其他教师实施系统而持续的专业发展影响，有效提升高中生涯教育教师的专业素养。提供丰富的学习资源需要发挥区域、校本、个体多方的优势，应将传统培训模式与"互联网＋"相结合，通过区域打造学习资源平台、校本支持多路径学习资源获得、个体积极主动内化学习资源的方式，以丰富的线上线下学习资源带动教师专业发展。指导团队的建设要充分发挥国家、省、市等多层面的优势，以具体的项目如"名师"项目为抓手，培养具有理论水平、实践基础、指导能力的专业人才，打造可服务于新高考背景下高中生涯教育发展需求的指导团队，引领高中生涯教育师资队伍高水平专业化发展，为高中生生涯规划素养的培养打下坚实的基础。

参考文献

[1] 王明伟，钱静峰. 梦想 年华 使命：高中生涯成长手册 [M]. 上海：上海交通大学出版社，2018.

[2] 钱静峰. 我的生涯笔记——高中生涯发展指导手册 [M]. 上海：上海交通大学出版社，2016.

[3] 张科，成必成. 高中生涯认知发展教育理论与实践 [M]. 成都：西南交通大学出版社，2019.

[4] 杨玉春. 新高考模式下的高中生涯规划指导 [M]. 北京：北京师范大学出版社，2019.

[5] 曹钧，栾永祖. 高中学生生涯规划教育实践与探索 [M]. 长春：吉林大学出版社，2019.

[6] 孙铭铸. 普通高中生涯发展指导概述 [J]. 教育，2018(13)：19-23.

[7] 缪仁票. 普通高中生涯发展规划教育的探索 [J]. 中小学信息技术教育，2018(C1)：148-150.

[8] 王树槐. 新高考背景下高中生涯发展教育对策 [J]. 智力，2020(14)：54-55.

[9] 王红丽，林永和. 核心素养导向下的普通高中生涯发展课程建设 [J]. 重庆科技学院学报（社会科学版），2019(6)：95-98.

[10] 李雄鹰，张瑞宁. 基于大学生学业与发展视角的高中生涯规划教育省思 [J]. 教师教育论坛，2019,32(2)：16-19.

[11] 凌霄. 全人发展视域下的高中生涯规划教育实践 [J]. 成才，2019(7)：11-13.

[12] 金志军. 以生涯发展为导向的高中数学教学思考 [J]. 数理化解题研究，2019(33)：22-23.

[13] 程强周. 新高考下高中学生生涯发展规划指导的实践研究 [J]. 考试周刊，2019(79)：7-8.

[14] 聂洋溢.高考改革背景下的高中生涯规划课程建设——基于国际学生发展核心素养的视角[J].全球教育展望，2019,48(2)：40-54.

[15] 温知新.新高考背景下普通高中生涯教育发展现状探究[J].现代交际，2019(13)：120-121.

[16] 王柏松.高中生涯规划课程实践研究[J].小品文选刊(下)，2019(11)：256-257.

[17] 沈之菲.高中学生生涯发展状况调查报告——基于学生的视角[J].江苏教育，2018(32)：38-39，42.

[18] 夏克淮.发展需求导向的普通高中生涯指导探索[J].教育现代化(电子版)，2018(32)：34.

[19] 王芳.高中学校要及早唤醒学生生涯发展规划意识[J].山西教育(周刊·A·管理)，2018(3)：18-19.

[20] 沈晓强.指向职业能力的生涯发展与课程融合教学反思——以高中化学学科为例[J].名师在线，2018(12)：61-62.

[21] 刘余军.高中生涯规划教育体系构建探究[J].读天下，2018(16)：102.

[22] 夏远.高中职业生涯规划教育的新探索[J].明日，2018(5)：82.

[23] 杨洪波,张睿宁.关于高中生涯规划的思考[J].新教育时代电子杂志(学生版)，2018(11)：152.

[24] 陈韵君.高中生涯教育课程体系建构[J].新教育，2018(25)：32-34.

[25] 孙启波,刘晨.高中生涯规划教育面临的问题与思考[J].基础教育论坛，2018(28)：7-8.

后　记

　　加强高中生生涯教育是落实教育改革和新高考要求的重要举措，而开展高中生生涯规划课程是学校开展生涯教育的必选路径，本书为了服务于高中生生涯规划课程开设而撰写，在内容上注意科学性、系统性、实用性的结合，从不同的角度和立场出发为高中生生涯教育的不同环节提供了理论参考，以便能灵活生成属于老师自己的教学模式。

　　本书在撰写过程中参考和引用了国内外不少文献资料，在此谨表示诚挚的感谢。本书是笔者在高中生涯规划课程实施领域的尝试，凝聚了笔者在生涯教育中的学习、探索和实践的经验。尽管非常努力地想要提供更好的教学建议，但鉴于教学设计的灵活性、学识水平有限和生涯规划课程设计并无明确的判断标准等原因，本书的不足之处在所难免，恳请大家批评指正，以便后续进一步完善。